Rainer Salzger

WEAPON OPERATOR 7

Rainer Salzger

WEAPON OPERATOR 7
Schieß- & Trainingsjournal

Impressum

WEAPON OPERATOR 7
Schieß- und Trainingsjournal

Copyright © 2023 Rainer Salzger
Alle Rechte vorbehalten

ISBN: 9798399336022

Independently published

1. Ausgabe

LEISTUNG IM BLICK BEHALTEN

Ihr Schieß- & Trainingsjournal ist so gestaltet, dass Sie aus Ihrem Dry-Fire Training und Ihrer Zeit am Schießplatz den maximalen Nutzen ziehen können. Es hilft Ihnen dabei Ihre Pläne, Ziele, Zeit und Training zu organisieren. Kurz gesagt: Dieses Buch ist ein nützliches Werkzeug für diejenigen, die es als WEAPON OPERATOR auf die nächste Stufe bringen möchten.

Schreiben Sie das Jahr und Ihren Namen in das leere Feld auf der Vorderseite des Buches. Dies ist Ihr Buch und nur Ihres.

Die Benutzung des Schiess- & Trainingsjournals ist selbsterklärend. Wo nötig, sind entsprechende Anleitungen beigefügt.

Verwenden Sie dieses Journal vor allem, um Ihre Aktivitäten zu analysieren und Ziele abzuleiten, mit denen Sie Ihr weiteres Training gestalten. Dadurch bleibt Ihr Journal auf Lernen und Verbesserung fokussiert.

Indem Sie jeden Tag Ihres Trainings oder Wettkampfes dokumentieren und Ziele festlegen, werden Sie am Ende des Jahres in der Lage sein, auf das zurückzublicken, was Sie erreicht haben. Es wird Ihnen helfen, ein besserer Schütze zu werden.

INHALTSVERZEICHNIS

Persönliche Daten   8
Kontaktdaten   9
Meine Waffen   10
Im Notfall   11

Übersicht Schiesstermine   12
Schiesstermine 1/4   13
Schiesstermine 2/4   14
Schiesstermine 3/4   15
Schiesstermine 4/4   16

Journal Scharfschießen   17 - 107

Dry-Fire Trainingsjournal   108
Trockentraining   109
Dry-Fire Training dokumentieren/bewerten   111
Trainingsjournal   112 - 207

Jahresdaten   208
Jahrestabelle Schiesstage   209/211
Jahrestabelle Dry-Fire Zeiten   210/212
Auswertung   213 - 214
Ergebnisse Jahresqualifikation   215 - 228

Anhang   229
Sicherheitsbestimmungen   230
Notfalltelefonnummern   231

Literaturverzeichnis   232

PERSÖNLICHE DATEN

KONTAKTDATEN

Name

Titel / Dienstgrad

 Organisation / Einheit

 Adresse

 Telefon

 E-Mail

 Adresse Privat

 Telefon Privat

 E-Mail Privat

MEINE WAFFEN

Serialnummer. Schusswaffen haben eine eingeschlagene, eingravierte oder gelaserte Seriennummer (S/N) zur Identifikation auf einem der wesentlichen Waffenteile (Griffstück, Lauf und Verschluss/Trommel).

IM NOTFALL

 Meine Blutgruppe

 Medikamente, Allergien

 Zu verständigen

ÜBERSICHT SCHIESSTERMINE

SCHIESSTERMINE 1/4

#	DATUM (Zeit)	WER	WO / WAS
01			
02			
03			
04			
05			
06			
07			
08			
09			
10			
11			
12			

(Änderungen vorbehalten)

SCHIESSTERMINE 2/4

#	DATUM (Zeit)	WER	WO / WAS
13			
14			
15			
16			
17			
18			
19			
20			
21			
22			
23			
24			

(Änderungen vorbehalten)

SCHIESSTERMINE 3/4

#	DATUM (Zeit)	WER	WO / WAS
25			
26			
27			
28			
29			
30			
31			
32			
33			
34			
35			
36			

(Änderungen vorbehalten)

SCHIESSTERMINE 4/4

#	DATUM (Zeit)	WER	WO / WAS
37			
38			
39			
40			
41			
42			
43			
44			
45			
46			
47			
48			

(Änderungen vorbehalten)

JOURNAL SCHARFSCHIESSEN

JOURNAL SCHARFSCHIESSEN

TREFFERLAGE / ZIELENTFERNUNG (in Meter)

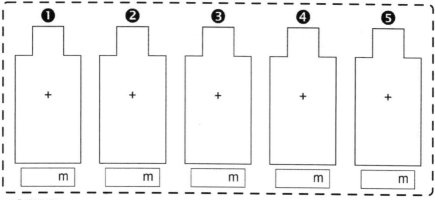

NOTIZEN

Was habe ich gelernt?

Welche Probleme müssen gelöst werden?

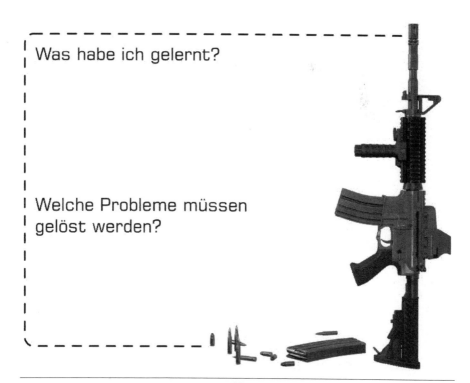

JOURNAL SCHARFSCHIESSEN

Training / Qualifikation / Wettbewerb

Wetter: Regen - Schnee - Wind - Kalt - Warm

JOURNAL SCHARFSCHIESSEN

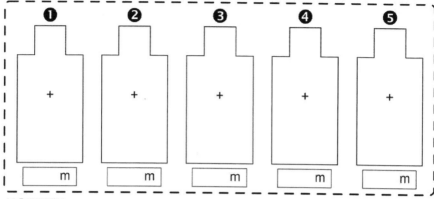

NOTIZEN

Was habe ich gelernt?

Welche Probleme müssen gelöst werden?

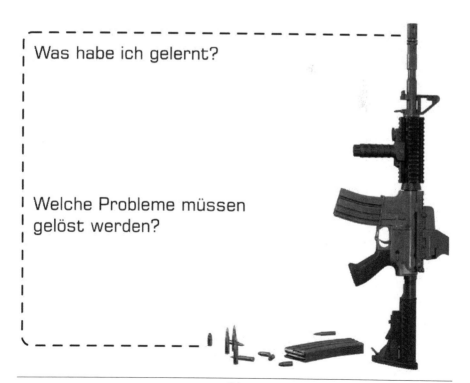

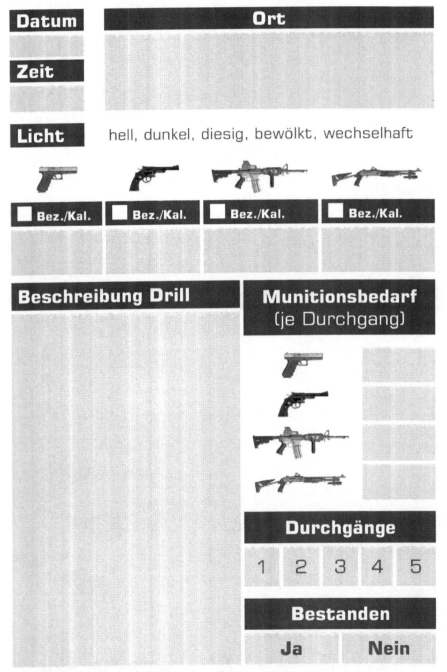

JOURNAL SCHARFSCHIESSEN

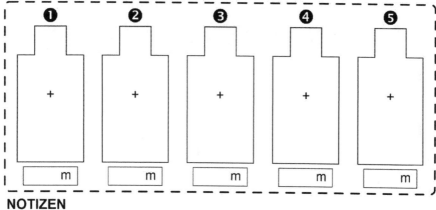

NOTIZEN

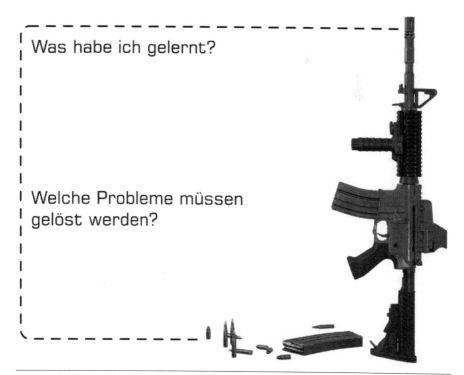

Was habe ich gelernt?

Welche Probleme müssen gelöst werden?

JOURNAL SCHARFSCHIESSEN

Training / Qualifikation / Wettbewerb

JOURNAL SCHARFSCHIESSEN

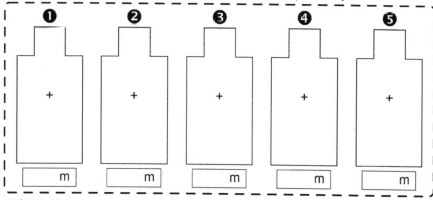

NOTIZEN

Was habe ich gelernt?

Welche Probleme müssen gelöst werden?

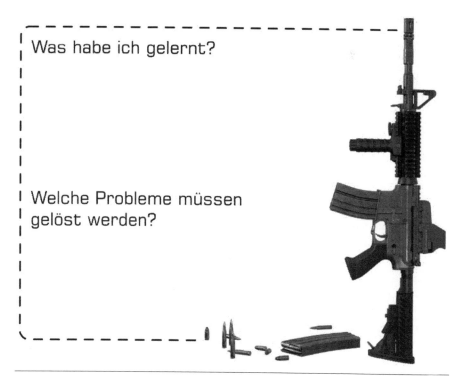

JOURNAL SCHARFSCHIESSEN

Training / Qualifikation / Wettbewerb

Datum

Ort

Zeit

Licht hell, dunkel, diesig, bewölkt, wechselhaft

☐ Bez./Kal. ☐ Bez./Kal. ☐ Bez./Kal. ☐ Bez./Kal.

Beschreibung Drill

Munitionsbedarf (je Durchgang)

Durchgänge

1 2 3 4 5

Bestanden

Ja   Nein

Wetter: Regen - Schnee - Wind - Kalt - Warm

JOURNAL SCHARFSCHIESSEN

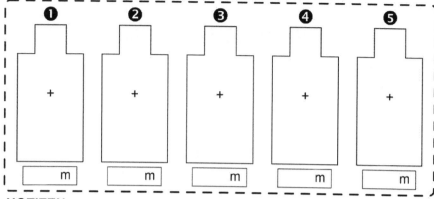

NOTIZEN

Was habe ich gelernt?

Welche Probleme müssen gelöst werden?

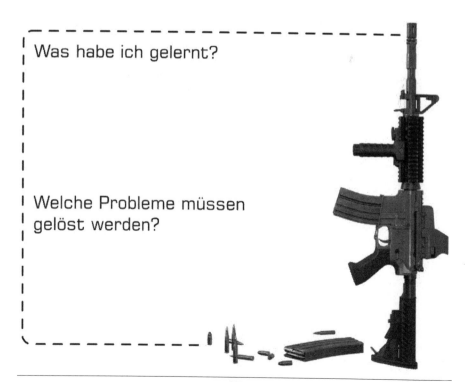

JOURNAL SCHARFSCHIESSEN

Training / Qualifikation / Wettbewerb

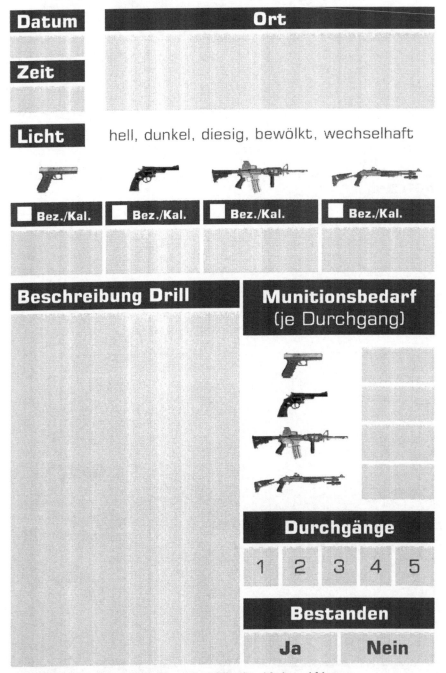

Wetter: Regen - Schnee - Wind - Kalt - Warm

JOURNAL SCHARFSCHIESSEN

TREFFERLAGE / ZIELENTFERNUNG (in Meter)

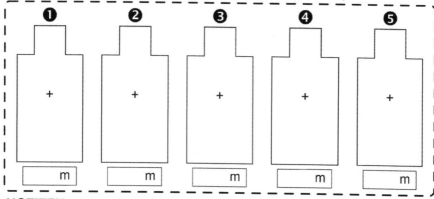

NOTIZEN

Was habe ich gelernt?

Welche Probleme müssen gelöst werden?

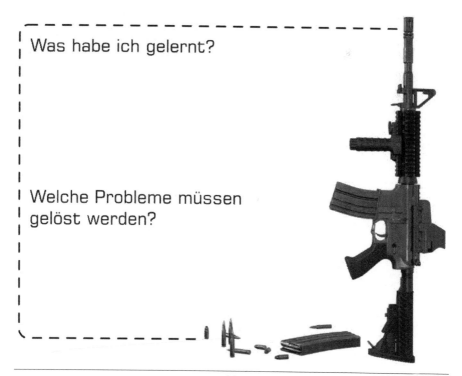

JOURNAL SCHARFSCHIESSEN

Training / Qualifikation / Wettbewerb

Datum

Ort

Zeit

Licht hell, dunkel, diesig, bewölkt, wechselhaft

☐ Bez./Kal.   ☐ Bez./Kal.   ☐ Bez./Kal.   ☐ Bez./Kal.

Beschreibung Drill

Munitionsbedarf (je Durchgang)

Durchgänge 1 2 3 4 5

Bestanden Ja Nein

Wetter: Regen - Schnee - Wind - Kalt - Warm

JOURNAL SCHARFSCHIESSEN

TREFFERLAGE / ZIELENTFERNUNG (in Meter)

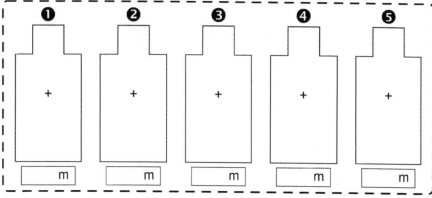

NOTIZEN

Was habe ich gelernt?

Welche Probleme müssen gelöst werden?

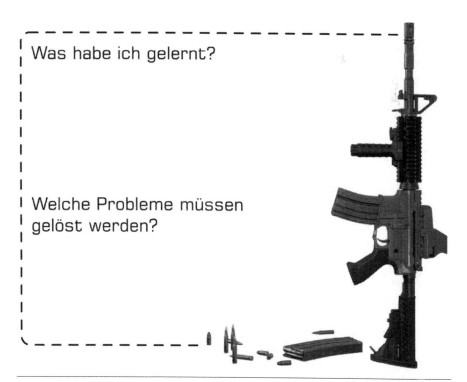

JOURNAL SCHARFSCHIESSEN

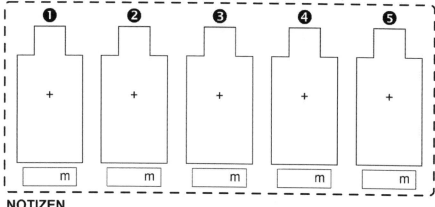

NOTIZEN

Was habe ich gelernt?

Welche Probleme müssen gelöst werden?

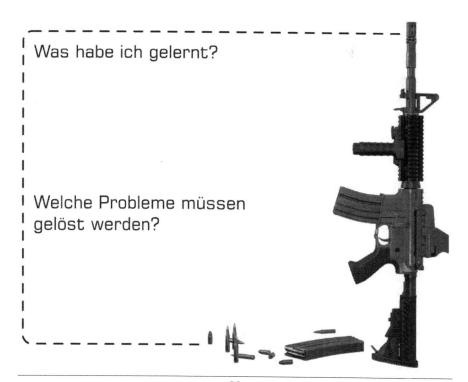

JOURNAL SCHARFSCHIESSEN

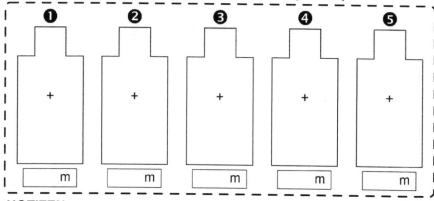

NOTIZEN

Was habe ich gelernt?

Welche Probleme müssen gelöst werden?

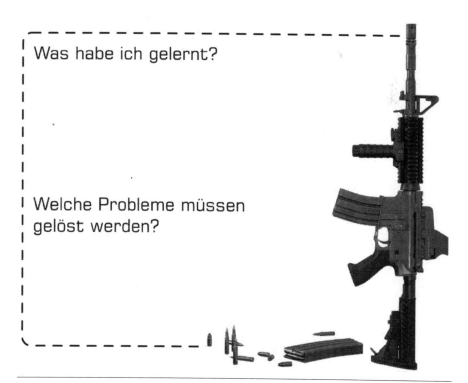

JOURNAL SCHARFSCHIESSEN

TREFFERLAGE / ZIELENTFERNUNG (in Meter)

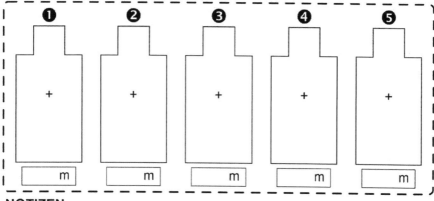

NOTIZEN

Was habe ich gelernt?

Welche Probleme müssen gelöst werden?

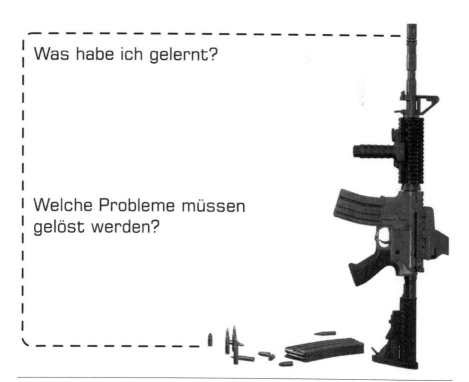

JOURNAL SCHARFSCHIESSEN

Training / Qualifikation / Wettbewerb

Datum

Ort

Zeit

Licht hell, dunkel, diesig, bewölkt, wechselhaft

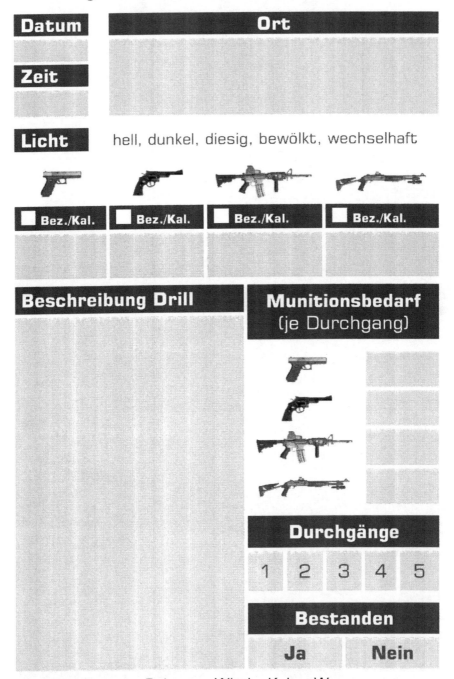

| ☐ Bez./Kal. | ☐ Bez./Kal. | ☐ Bez./Kal. | ☐ Bez./Kal. |

Beschreibung Drill

Munitionsbedarf (je Durchgang)

Durchgänge 1 2 3 4 5

Bestanden Ja Nein

Wetter: Regen - Schnee - Wind - Kalt - Warm

JOURNAL SCHARFSCHIESSEN

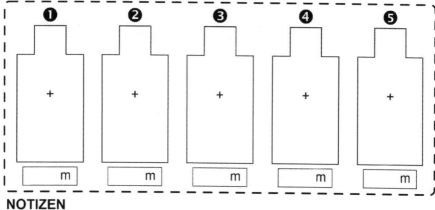

NOTIZEN

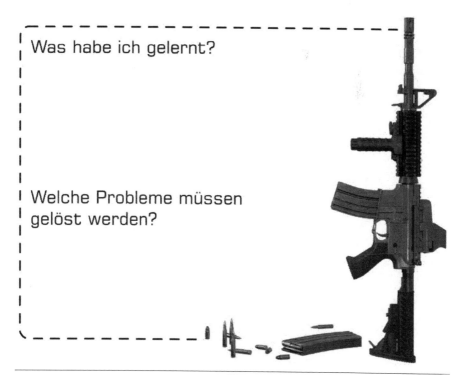

Was habe ich gelernt?

Welche Probleme müssen gelöst werden?

JOURNAL SCHARFSCHIESSEN

Training / Qualifikation / Wettbewerb

Datum	Ort
Zeit	

Licht: hell, dunkel, diesig, bewölkt, wechselhaft

Bez./Kal.	Bez./Kal.	Bez./Kal.	Bez./Kal.

Beschreibung Drill	Munitionsbedarf (je Durchgang)

Durchgänge
1 2 3 4 5

Bestanden
Ja Nein

Wetter: Regen - Schnee - Wind - Kalt - Warm

JOURNAL SCHARFSCHIESSEN

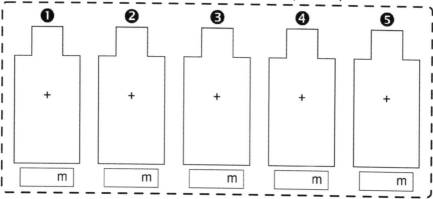

NOTIZEN

Was habe ich gelernt?

Welche Probleme müssen gelöst werden?

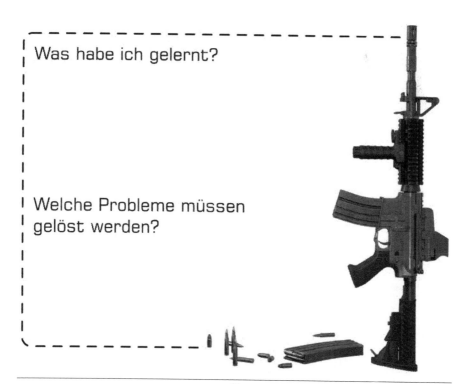

JOURNAL SCHARFSCHIESSEN

Training / Qualifikation / Wettbewerb

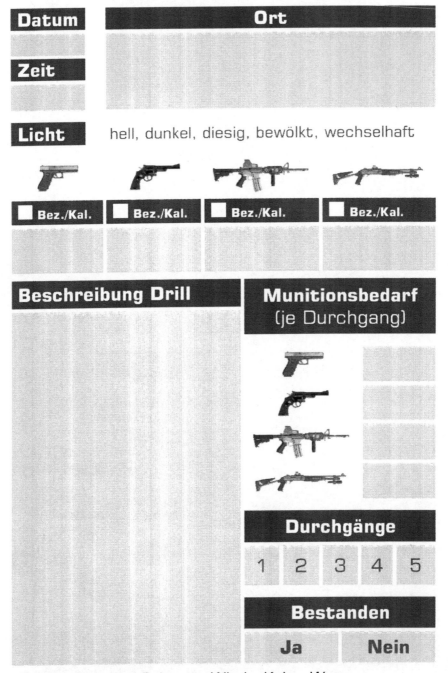

Wetter: Regen - Schnee - Wind - Kalt - Warm

JOURNAL SCHARFSCHIESSEN

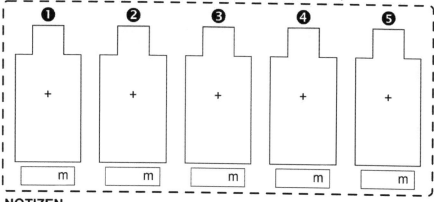

NOTIZEN

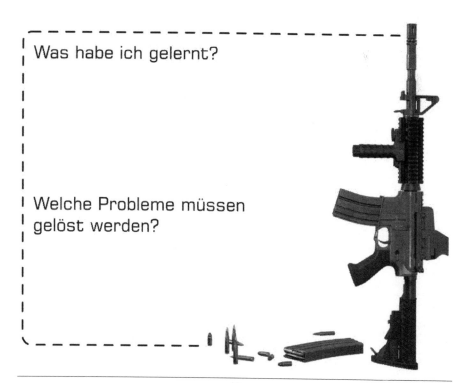

Was habe ich gelernt?

Welche Probleme müssen gelöst werden?

JOURNAL SCHARFSCHIESSEN

Training / Qualifikation / Wettbewerb

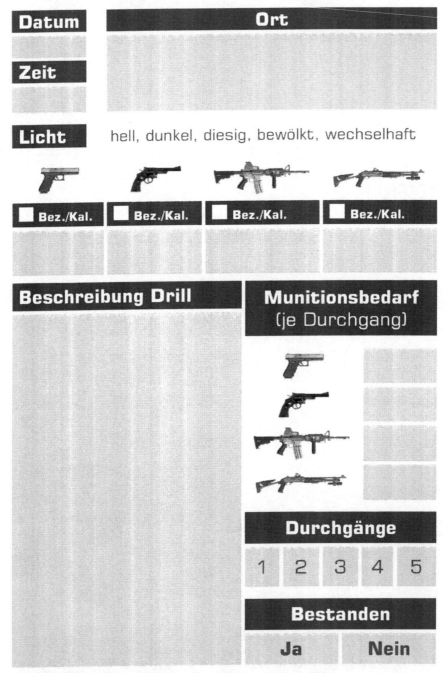

Wetter: Regen - Schnee - Wind - Kalt - Warm

JOURNAL SCHARFSCHIESSEN

TREFFERLAGE / ZIELENTFERNUNG (in Meter)

❶ ❷ ❸ ❹ ❺

| m | m | m | m | m |

NOTIZEN

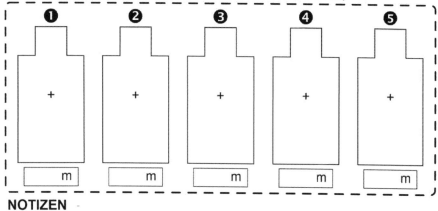

Was habe ich gelernt?

Welche Probleme müssen gelöst werden?

JOURNAL SCHARFSCHIESSEN

Training / Qualifikation / Wettbewerb

Licht: hell, dunkel, diesig, bewölkt, wechselhaft

Wetter: Regen - Schnee - Wind - Kalt - Warm

JOURNAL SCHARFSCHIESSEN

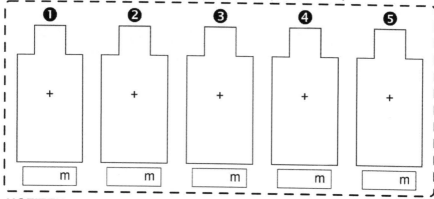

NOTIZEN

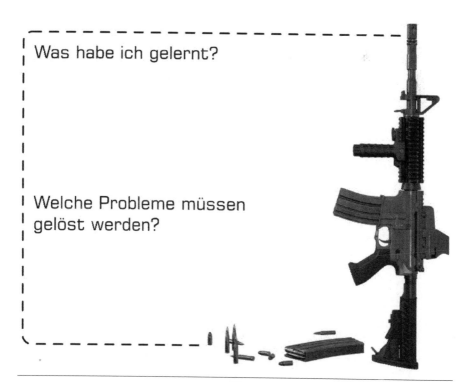

Was habe ich gelernt?

Welche Probleme müssen gelöst werden?

JOURNAL SCHARFSCHIESSEN

TREFFERLAGE / ZIELENTFERNUNG (in Meter)

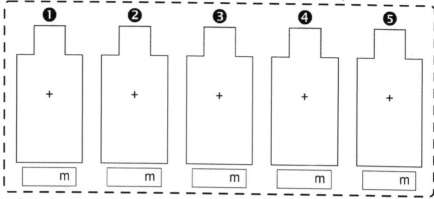

NOTIZEN

Was habe ich gelernt?

Welche Probleme müssen gelöst werden?

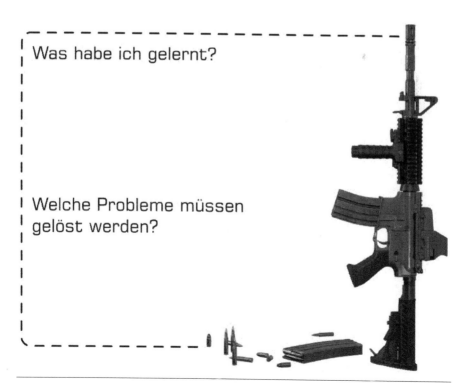

JOURNAL SCHARFSCHIESSEN

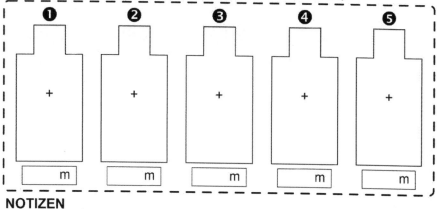

NOTIZEN

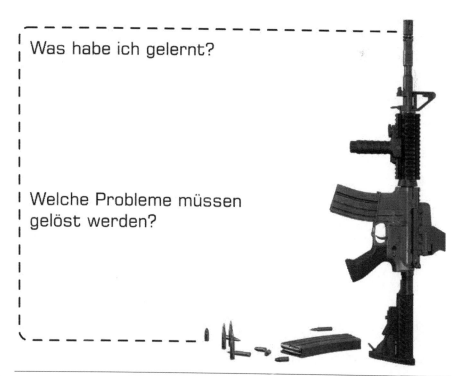

Was habe ich gelernt?

Welche Probleme müssen gelöst werden?

JOURNAL SCHARFSCHIESSEN

TREFFERLAGE / ZIELENTFERNUNG (in Meter)

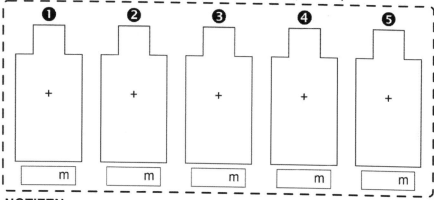

NOTIZEN

Was habe ich gelernt?

Welche Probleme müssen gelöst werden?

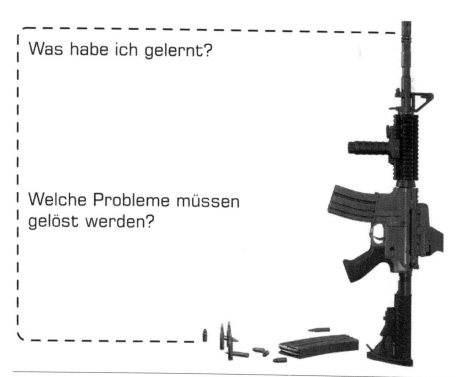

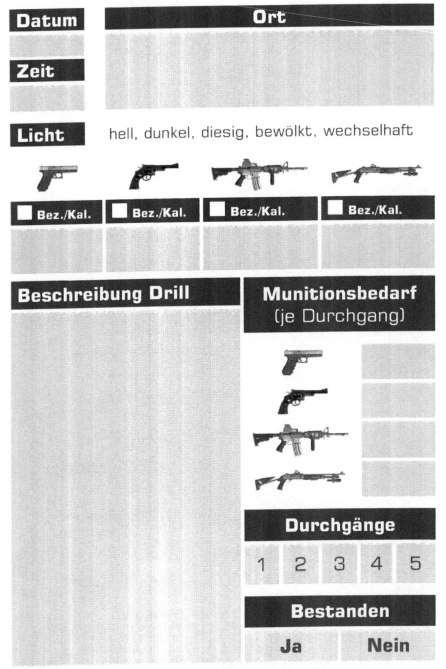

JOURNAL SCHARFSCHIESSEN

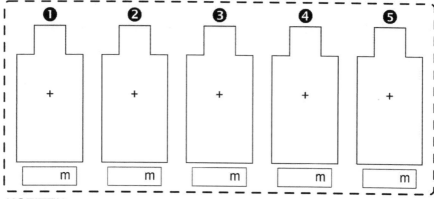

NOTIZEN

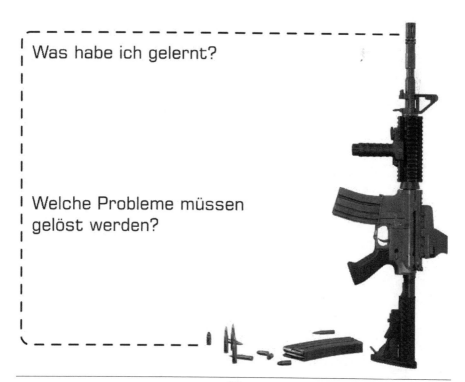

Was habe ich gelernt?

Welche Probleme müssen gelöst werden?

JOURNAL SCHARFSCHIESSEN

Training / Qualifikation / Wettbewerb

Wetter: Regen - Schnee - Wind - Kalt - Warm

JOURNAL SCHARFSCHIESSEN

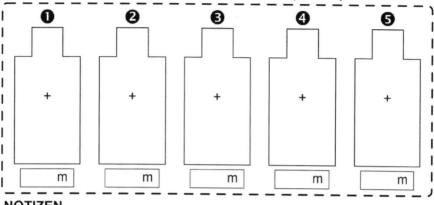

NOTIZEN

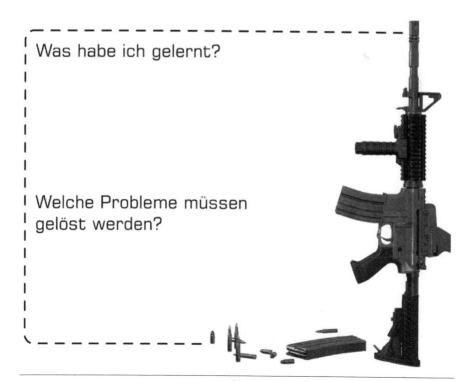

Was habe ich gelernt?

Welche Probleme müssen gelöst werden?

JOURNAL SCHARFSCHIESSEN

Training / Qualifikation / Wettbewerb

Datum

Ort

Zeit

Licht hell, dunkel, diesig, bewölkt, wechselhaft

| Bez./Kal. | Bez./Kal. | Bez./Kal. | Bez./Kal. |

Beschreibung Drill

Munitionsbedarf (je Durchgang)

Durchgänge

1 2 3 4 5

Bestanden

Ja   Nein

Wetter: Regen - Schnee - Wind - Kalt - Warm

JOURNAL SCHARFSCHIESSEN

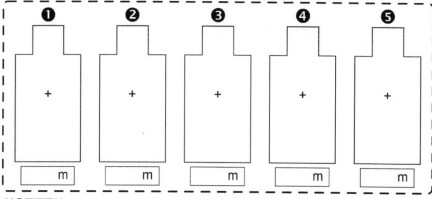

NOTIZEN

Was habe ich gelernt?

Welche Probleme müssen gelöst werden?

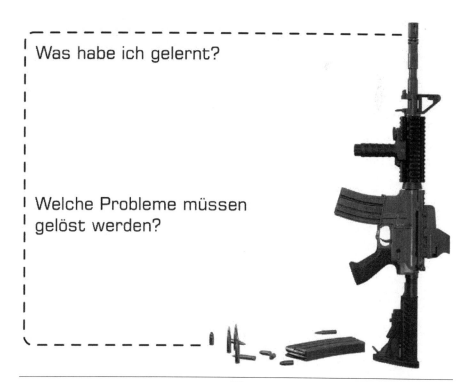

JOURNAL SCHARFSCHIESSEN

Training / Qualifikation / Wettbewerb

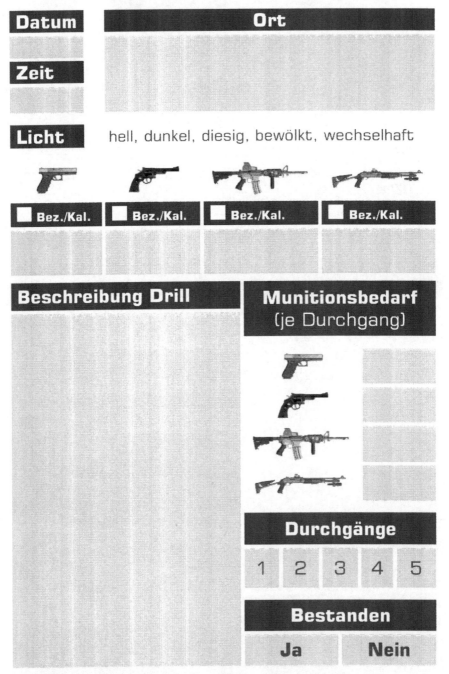

Wetter: Regen - Schnee - Wind - Kalt - Warm

JOURNAL SCHARFSCHIESSEN

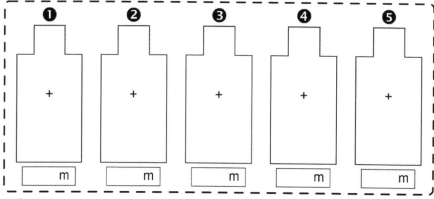

NOTIZEN

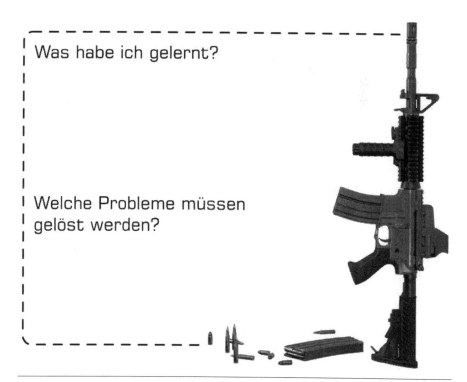

Was habe ich gelernt?

Welche Probleme müssen gelöst werden?

JOURNAL SCHARFSCHIESSEN

Training / Qualifikation / Wettbewerb

Datum

Ort

Zeit

Licht hell, dunkel, diesig, bewölkt, wechselhaft

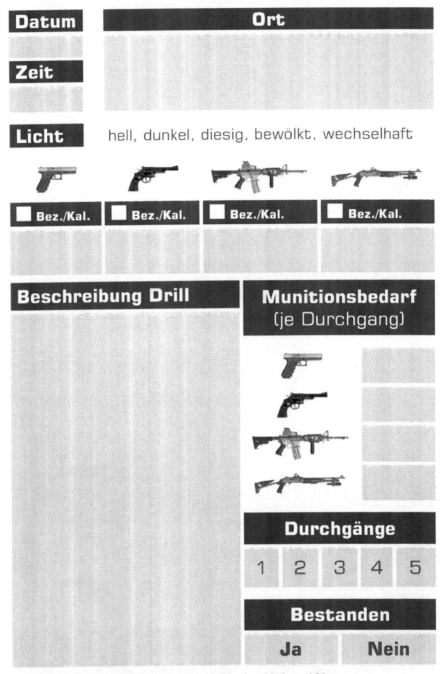

☐ Bez./Kal.   ☐ Bez./Kal.   ☐ Bez./Kal.   ☐ Bez./Kal.

Beschreibung Drill

Munitionsbedarf (je Durchgang)

Durchgänge

1   2   3   4   5

Bestanden

Ja   Nein

Wetter: Regen - Schnee - Wind - Kalt - Warm

JOURNAL SCHARFSCHIESSEN

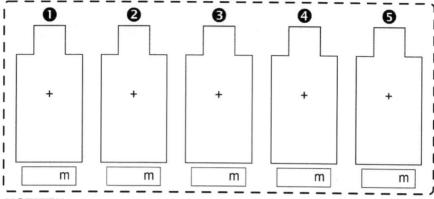

NOTIZEN

Was habe ich gelernt?

Welche Probleme müssen gelöst werden?

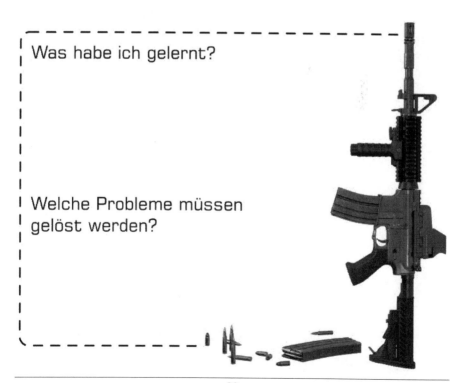

JOURNAL SCHARFSCHIESSEN

Training / Qualifikation / Wettbewerb

Datum	Ort
Zeit	

Licht hell, dunkel, diesig, bewölkt, wechselhaft

☐ Bez./Kal.	☐ Bez./Kal.	☐ Bez./Kal.	☐ Bez./Kal.

Beschreibung Drill

Munitionsbedarf (je Durchgang)

Durchgänge
1　2　3　4　5

Bestanden
Ja　Nein

Wetter: Regen - Schnee - Wind - Kalt - Warm

JOURNAL SCHARFSCHIESSEN

TREFFERLAGE / ZIELENTFERNUNG (in Meter)

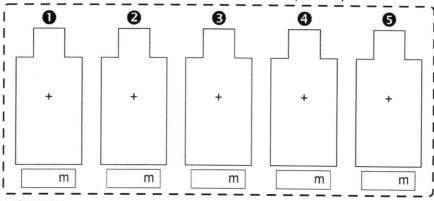

NOTIZEN

Was habe ich gelernt?

Welche Probleme müssen gelöst werden?

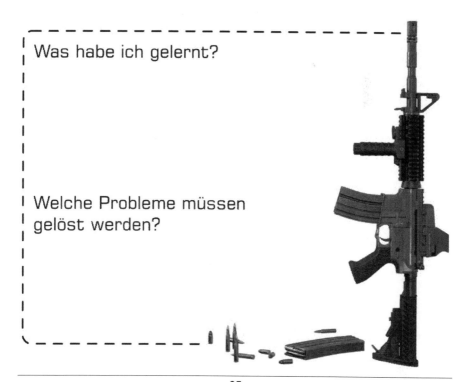

JOURNAL SCHARFSCHIESSEN

Training / Qualifikation / Wettbewerb

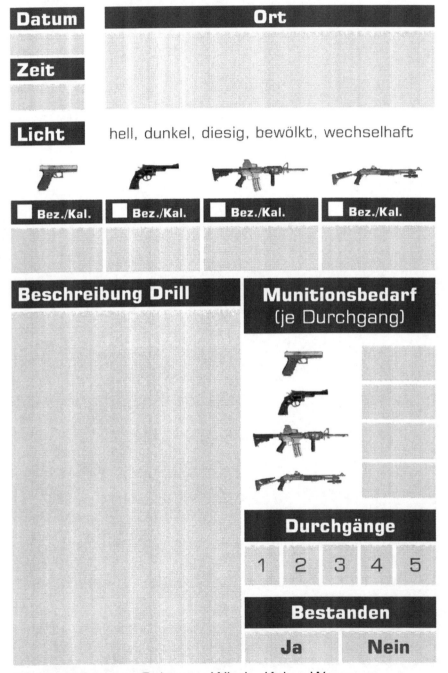

Licht: hell, dunkel, diesig, bewölkt, wechselhaft

Wetter: Regen - Schnee - Wind - Kalt - Warm

JOURNAL SCHARFSCHIESSEN

TREFFERLAGE / ZIELENTFERNUNG (in Meter)

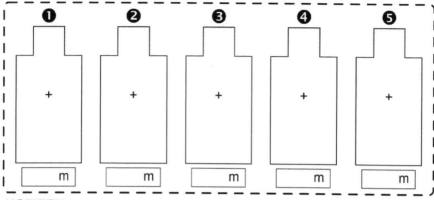

NOTIZEN

Was habe ich gelernt?

Welche Probleme müssen gelöst werden?

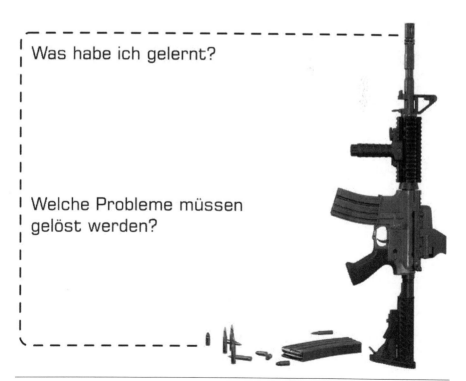

JOURNAL SCHARFSCHIESSEN

Training / Qualifikation / Wettbewerb

JOURNAL SCHARFSCHIESSEN

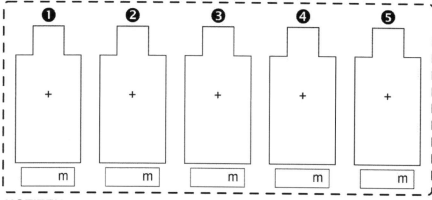

NOTIZEN

Was habe ich gelernt?

Welche Probleme müssen gelöst werden?

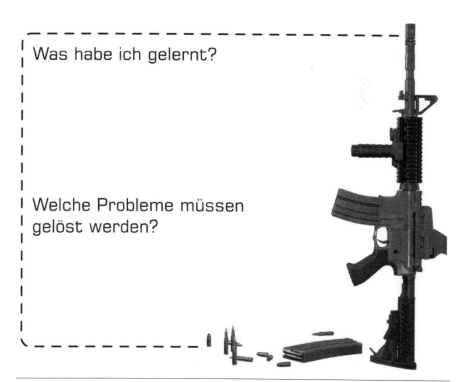

JOURNAL SCHARFSCHIESSEN

Training / Qualifikation / Wettbewerb

Wetter: Regen - Schnee - Wind - Kalt - Warm

JOURNAL SCHARFSCHIESSEN

TREFFERLAGE / ZIELENTFERNUNG (in Meter)

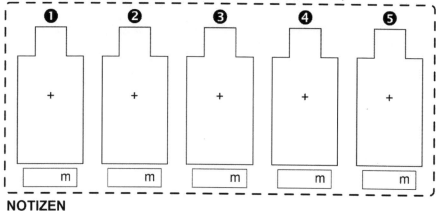

NOTIZEN

Was habe ich gelernt?

Welche Probleme müssen gelöst werden?

JOURNAL SCHARFSCHIESSEN

Training / Qualifikation / Wettbewerb

Datum	Ort

Zeit	

Licht hell, dunkel, diesig, bewölkt, wechselhaft

Bez./Kal.	Bez./Kal.	Bez./Kal.	Bez./Kal.

Beschreibung Drill

Munitionsbedarf (je Durchgang)

Durchgänge

1　2　3　4　5

Bestanden

Ja　Nein

Wetter: Regen - Schnee - Wind - Kalt - Warm

JOURNAL SCHARFSCHIESSEN

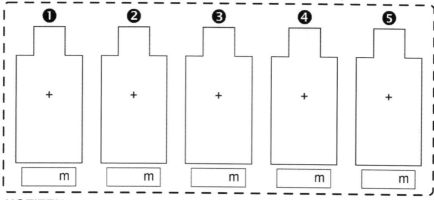

NOTIZEN

Was habe ich gelernt?

Welche Probleme müssen gelöst werden?

JOURNAL SCHARFSCHIESSEN

TREFFERLAGE / ZIELENTFERNUNG (in Meter)

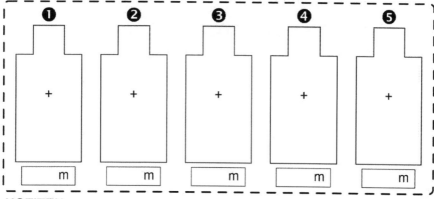

NOTIZEN

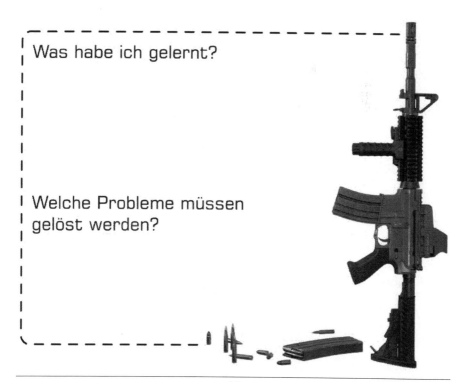

Was habe ich gelernt?

Welche Probleme müssen gelöst werden?

JOURNAL SCHARFSCHIESSEN

Training / Qualifikation / Wettbewerb

Datum	Ort
Zeit	

Licht: hell, dunkel, diesig, bewölkt, wechselhaft

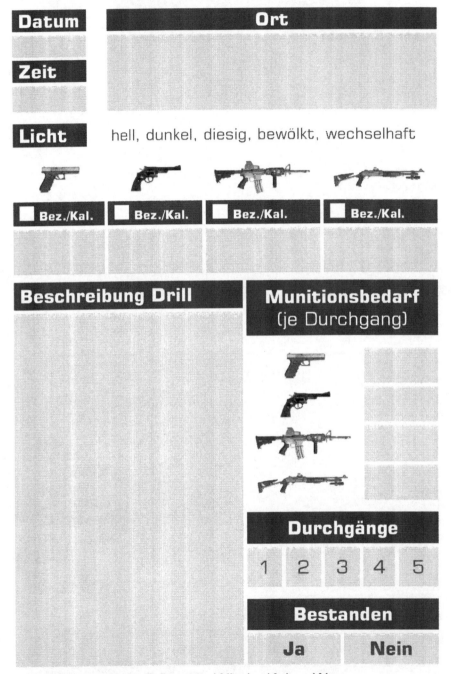

☐ Bez./Kal.	☐ Bez./Kal.	☐ Bez./Kal.	☐ Bez./Kal.

Beschreibung Drill

Munitionsbedarf (je Durchgang)

Durchgänge

1 2 3 4 5

Bestanden

Ja   Nein

Wetter: Regen - Schnee - Wind - Kalt - Warm

JOURNAL SCHARFSCHIESSEN

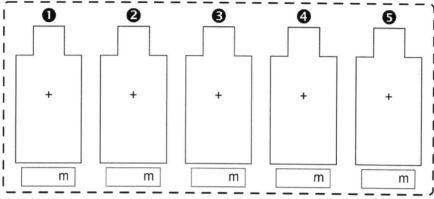

NOTIZEN

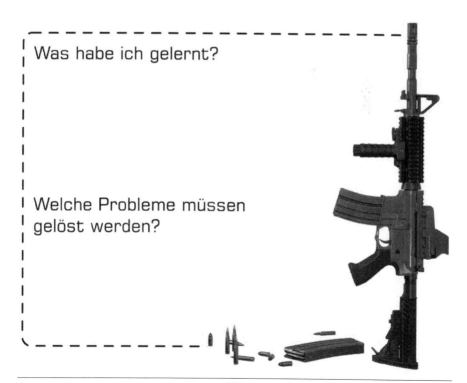

Was habe ich gelernt?

Welche Probleme müssen gelöst werden?

JOURNAL SCHARFSCHIESSEN

Training / Qualifikation / Wettbewerb

Datum	Ort
Zeit	

Licht — hell, dunkel, diesig, bewölkt, wechselhaft

☐ Bez./Kal.	☐ Bez./Kal.	☐ Bez./Kal.	☐ Bez./Kal.

Beschreibung Drill

Munitionsbedarf (je Durchgang)

Durchgänge

1　2　3　4　5

Bestanden

Ja　Nein

Wetter: Regen - Schnee - Wind - Kalt - Warm

JOURNAL SCHARFSCHIESSEN

TREFFERLAGE / ZIELENTFERNUNG (in Meter)

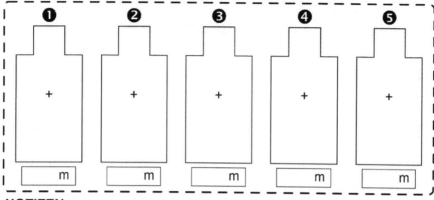

NOTIZEN

Was habe ich gelernt?

Welche Probleme müssen gelöst werden?

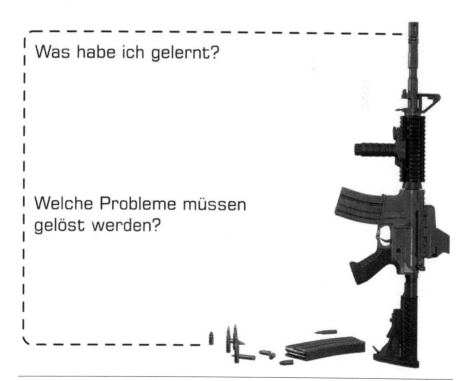

JOURNAL SCHARFSCHIESSEN

Training / Qualifikation / Wettbewerb

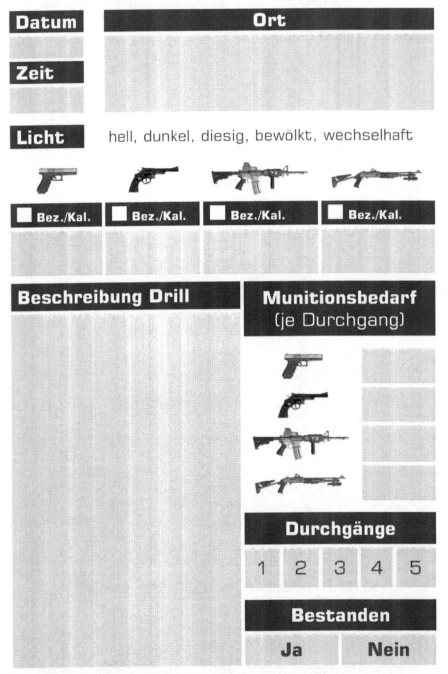

Wetter: Regen - Schnee - Wind - Kalt - Warm

JOURNAL SCHARFSCHIESSEN

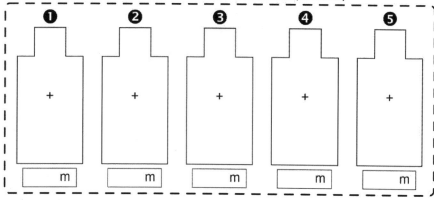

NOTIZEN

Was habe ich gelernt?

Welche Probleme müssen gelöst werden?

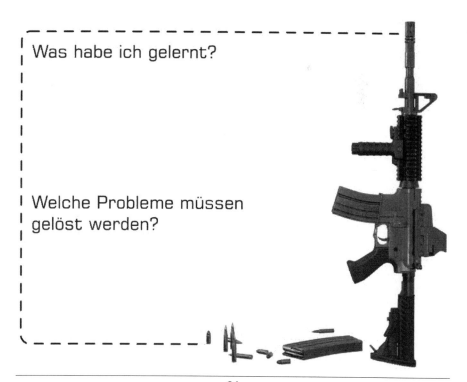

JOURNAL SCHARFSCHIESSEN

Training / Qualifikation / Wettbewerb

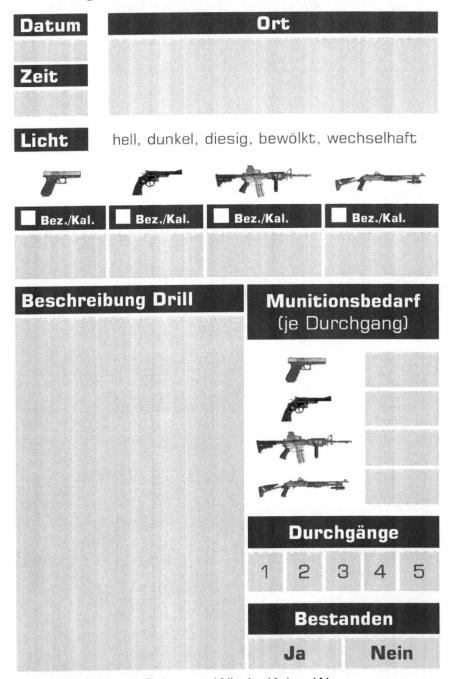

Wetter: Regen - Schnee - Wind - Kalt - Warm

JOURNAL SCHARFSCHIESSEN

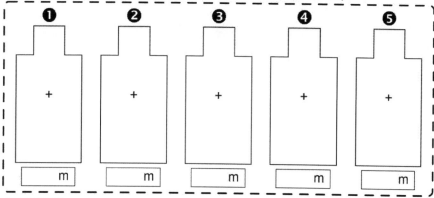

NOTIZEN

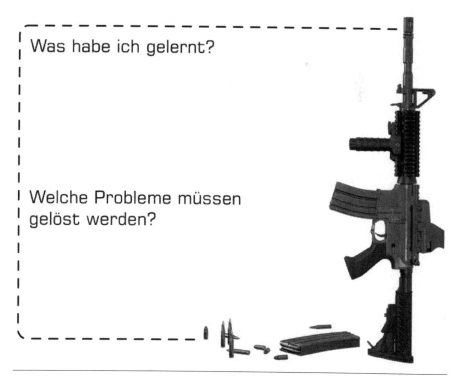

Was habe ich gelernt?

Welche Probleme müssen gelöst werden?

JOURNAL SCHARFSCHIESSEN

Training / Qualifikation / Wettbewerb

Datum	Ort
Zeit	

Licht hell, dunkel, diesig, bewölkt, wechselhaft

Wetter: Regen - Schnee - Wind - Kalt - Warm

JOURNAL SCHARFSCHIESSEN

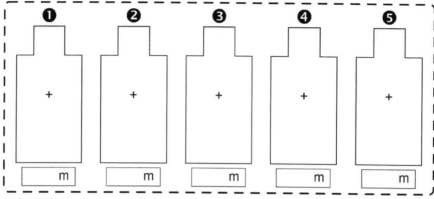

NOTIZEN

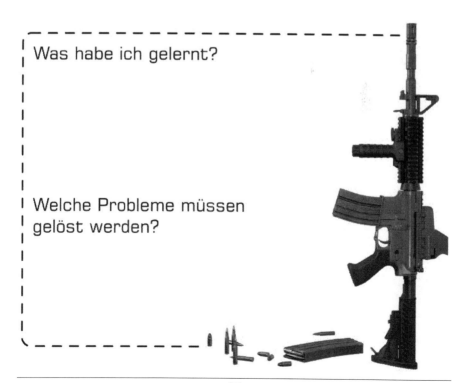

Was habe ich gelernt?

Welche Probleme müssen gelöst werden?

JOURNAL SCHARFSCHIESSEN

Training / Qualifikation / Wettbewerb

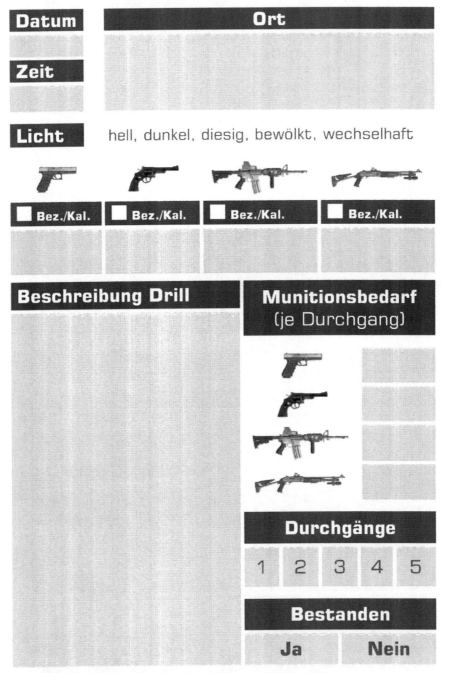

JOURNAL SCHARFSCHIESSEN

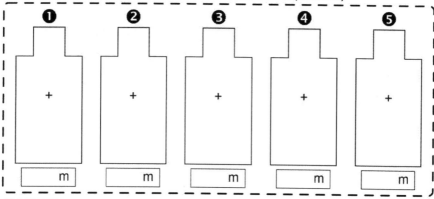

NOTIZEN

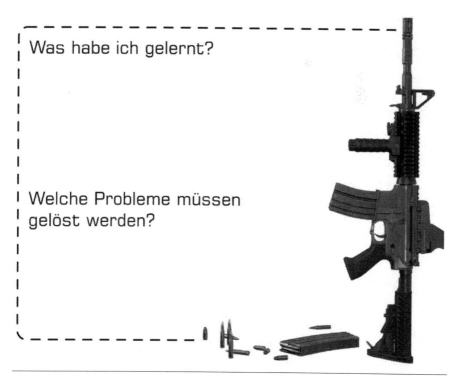

Was habe ich gelernt?

Welche Probleme müssen gelöst werden?

JOURNAL SCHARFSCHIESSEN

Training / Qualifikation / Wettbewerb

Wetter: Regen - Schnee - Wind - Kalt - Warm

JOURNAL SCHARFSCHIESSEN

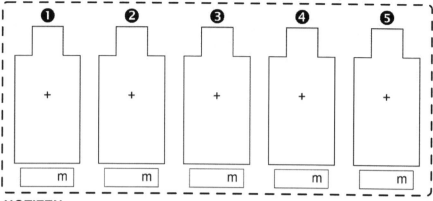

NOTIZEN

Was habe ich gelernt?

Welche Probleme müssen gelöst werden?

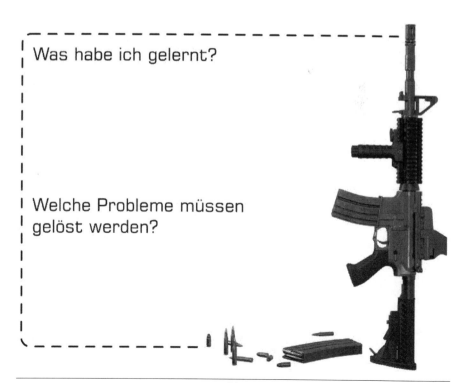

JOURNAL SCHARFSCHIESSEN

Training / Qualifikation / Wettbewerb

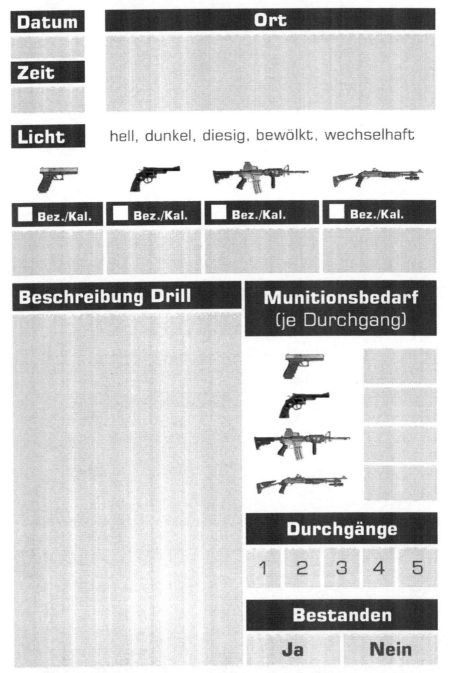

Datum

Ort

Zeit

Licht hell, dunkel, diesig, bewölkt, wechselhaft

☐ Bez./Kal.   ☐ Bez./Kal.   ☐ Bez./Kal.   ☐ Bez./Kal.

Beschreibung Drill

Munitionsbedarf (je Durchgang)

Durchgänge

1 2 3 4 5

Bestanden

Ja   Nein

Wetter: Regen - Schnee - Wind - Kalt - Warm

JOURNAL SCHARFSCHIESSEN

TREFFERLAGE / ZIELENTFERNUNG (in Meter)

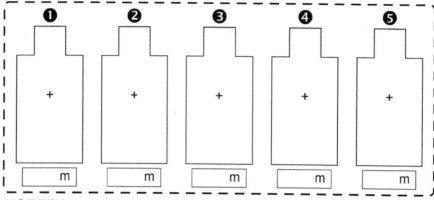

NOTIZEN

Was habe ich gelernt?

Welche Probleme müssen gelöst werden?

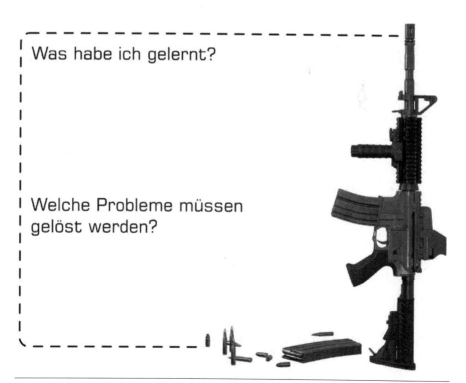

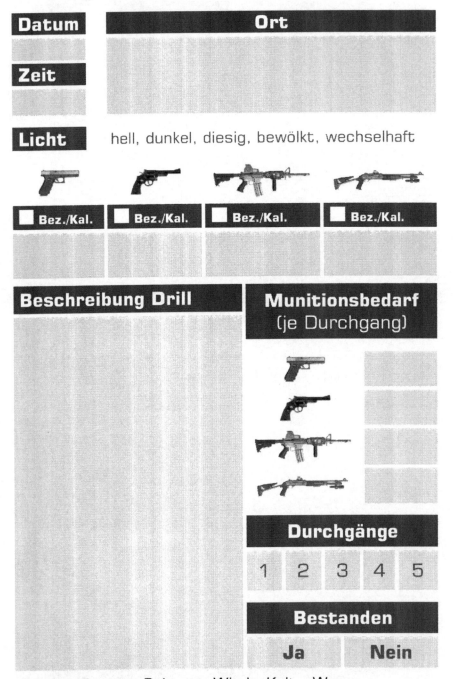

JOURNAL SCHARFSCHIESSEN

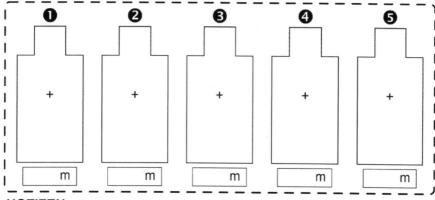

NOTIZEN

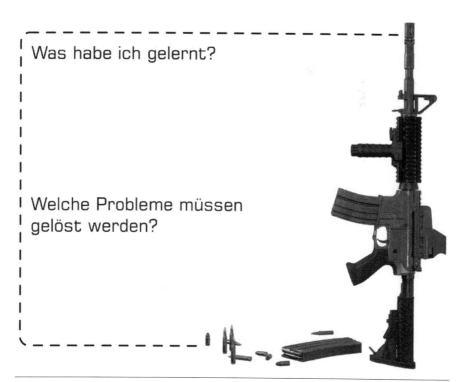

Was habe ich gelernt?

Welche Probleme müssen gelöst werden?

JOURNAL SCHARFSCHIESSEN

Training / Qualifikation / Wettbewerb

Datum	Ort
Zeit	

Licht: hell, dunkel, diesig, bewölkt, wechselhaft

Wetter: Regen - Schnee - Wind - Kalt - Warm

JOURNAL SCHARFSCHIESSEN

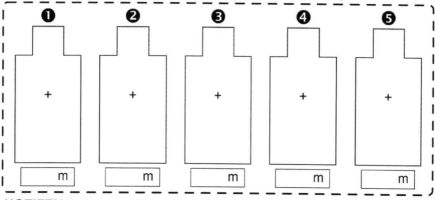

NOTIZEN

Was habe ich gelernt?

Welche Probleme müssen gelöst werden?

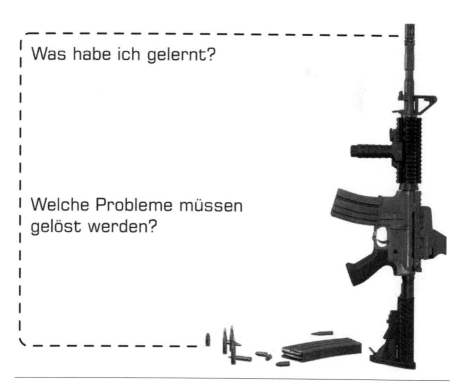

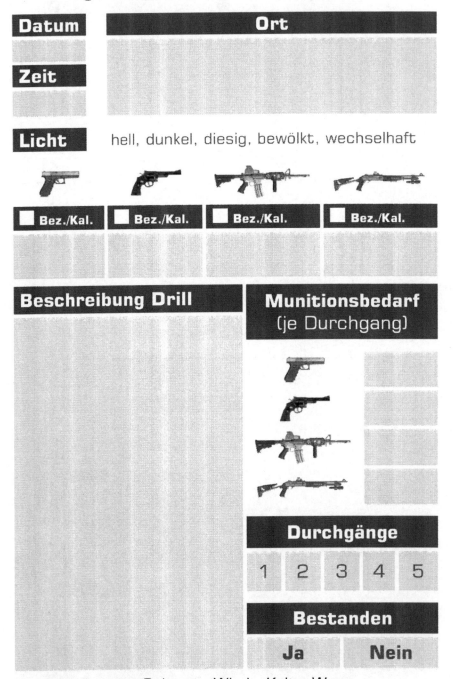

JOURNAL SCHARFSCHIESSEN

TREFFERLAGE / ZIELENTFERNUNG (in Meter)

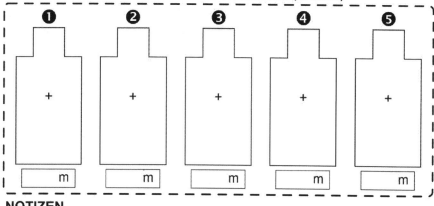

NOTIZEN

Was habe ich gelernt?

Welche Probleme müssen gelöst werden?

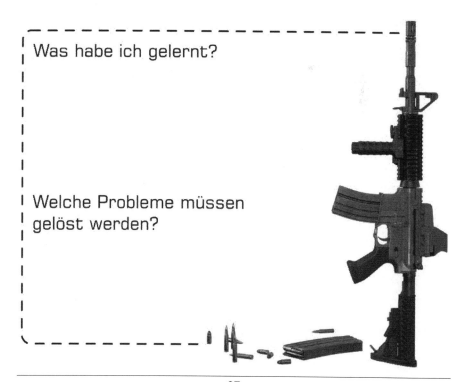

JOURNAL SCHARFSCHIESSEN

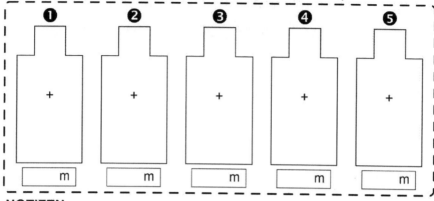

NOTIZEN

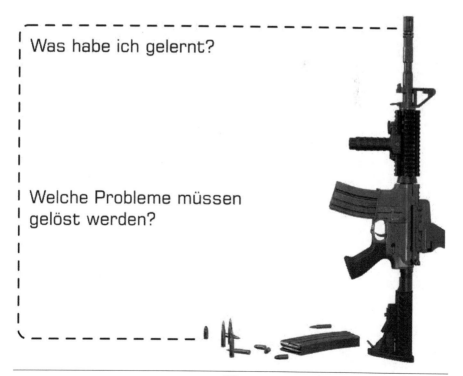

Was habe ich gelernt?

Welche Probleme müssen gelöst werden?

JOURNAL SCHARFSCHIESSEN

Training / Qualifikation / Wettbewerb

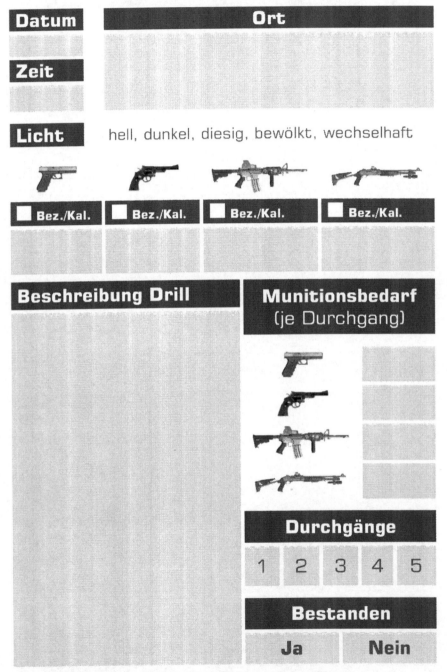

Wetter: Regen - Schnee - Wind - Kalt - Warm

JOURNAL SCHARFSCHIESSEN

TREFFERLAGE / ZIELENTFERNUNG (in Meter)

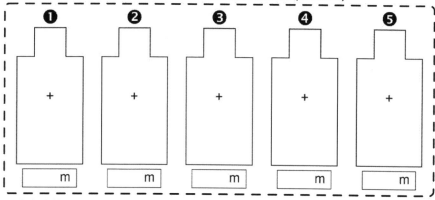

NOTIZEN

Was habe ich gelernt?

Welche Probleme müssen gelöst werden?

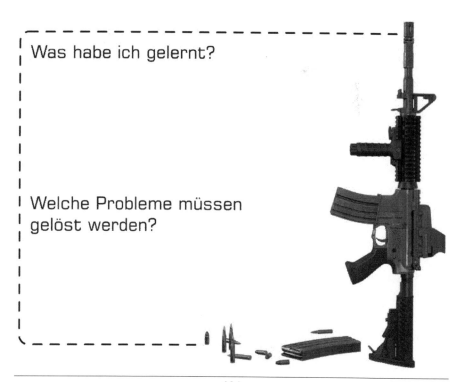

JOURNAL SCHARFSCHIESSEN

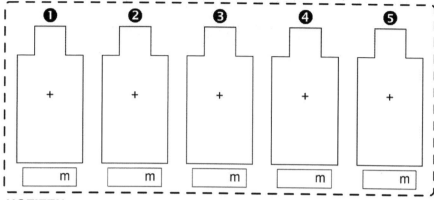

NOTIZEN

Was habe ich gelernt?

Welche Probleme müssen gelöst werden?

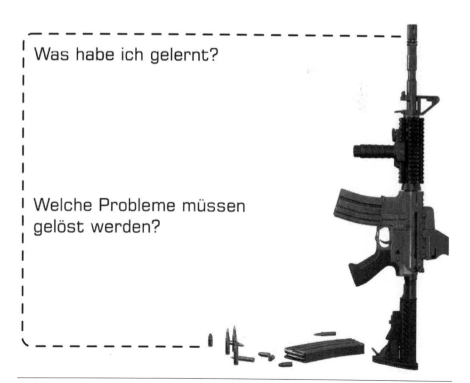

JOURNAL SCHARFSCHIESSEN

Training / Qualifikation / Wettbewerb

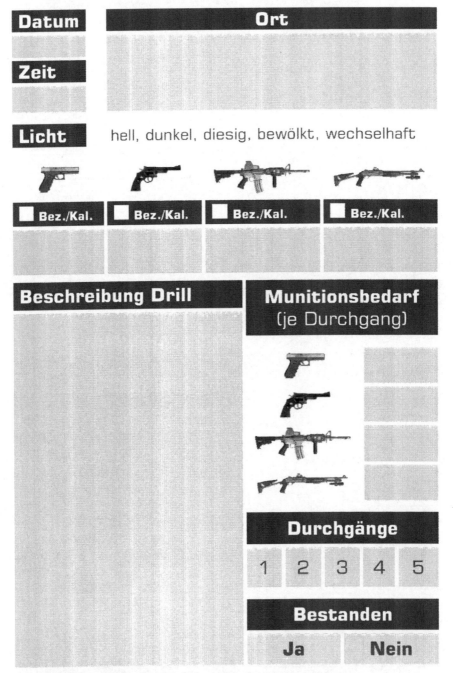

Datum

Ort

Zeit

Licht hell, dunkel, diesig, bewölkt, wechselhaft

☐ Bez./Kal.   ☐ Bez./Kal.   ☐ Bez./Kal.   ☐ Bez./Kal.

Beschreibung Drill

Munitionsbedarf (je Durchgang)

Durchgänge

1 2 3 4 5

Bestanden

Ja   Nein

Wetter: Regen - Schnee - Wind - Kalt - Warm

JOURNAL SCHARFSCHIESSEN

TREFFERLAGE / ZIELENTFERNUNG (in Meter)

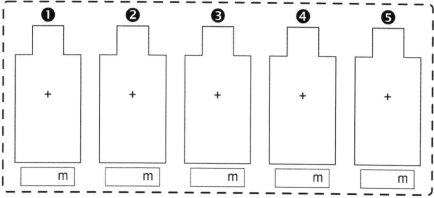

NOTIZEN

Was habe ich gelernt?

Welche Probleme müssen gelöst werden?

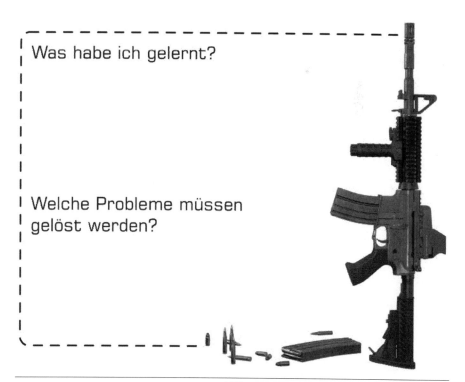

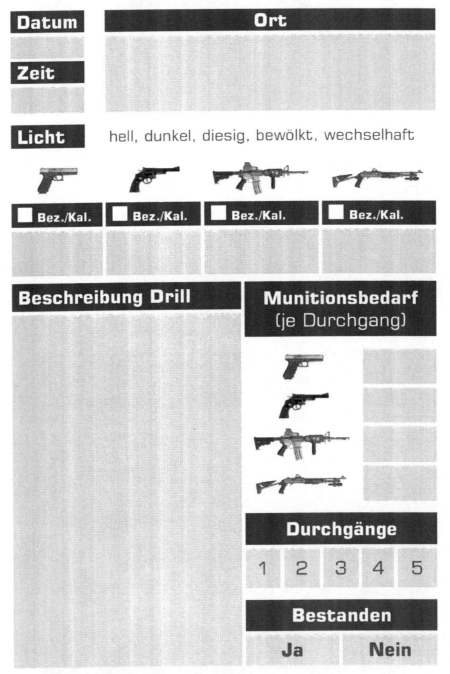

JOURNAL SCHARFSCHIESSEN

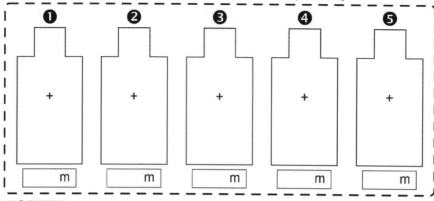

NOTIZEN

Was habe ich gelernt?

Welche Probleme müssen gelöst werden?

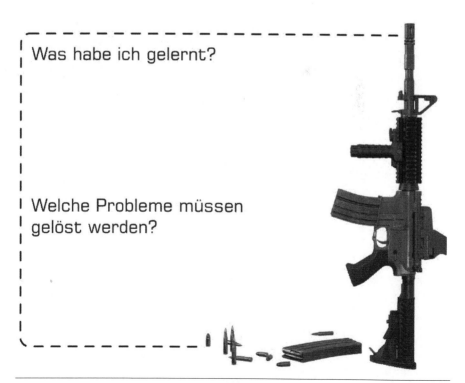

DRY-FIRE TRAININGSJOURNAL

DRY-FIRE TRAININGSJOURNAL

OPTIMALES ZEITVERHÄLTNIS VON TROCKENTRAINING (DRY FIRE) ZU SCHARFSCHIESSEN

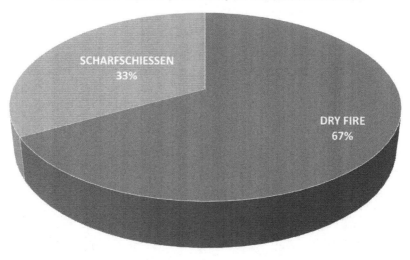

OPTIMALE & MINIMALE DRY FIRE TRAININGSZEIT

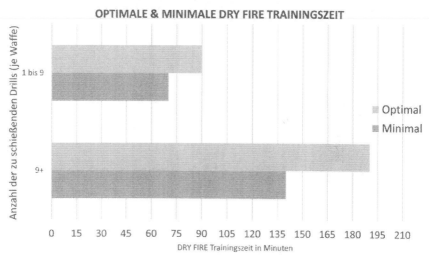

Beispiel: Trockentraining vor Schießtermin.

Schießtermin: Freitag. Waffe(n): Pistole und Gewehr. Anzahl Drills: 8 Pistole; 10 Gewehr.
Optimale Dry-Fire Trainingszeit: 90 Minuten Pistole / 190 Minuten Gewehr. Dry-Fire Training: Mittwoch Pistole; Donnerstag Gewehr.

DRY-FIRE TRAININGSJOURNAL

Regelmäßiges Dry-Fire Training

Vorab genanntes Beispiel könnte typisch für alle jene stehen, die einmal im Jahr ihre Schießverpflichtung erfüllen müssen – erforderliches Trockentraining inklusive. Den Rest des Jahres ist die Waffe sicher im Waffenlager weggesperrt.

Jene, die sich ihrer Verantwortung im Umgang mit Schusswaffen bewusst sind, werden danach streben, ihre Fertigkeiten als Weapon Operator ständig zu verbessern. Minimalistisches Waffentraining, gerade so viel, um dem Papier Genüge zu tun, ist ihre Sache nicht. Abseits der Schießbahn betreiben sie *regelmäßig* Dry-Fire Training – Training das sich nicht nur am Qualifikationstag bezahlt macht.

Dry-Fire ist mehr als nur Techniktraining

Dry-Fire Training umfasst viele Trainingsinhalte. Kenner der Weapon Operator Bücher dürften einige hinlänglich bekannt sein:

⊕ Mentales Training (siehe WEAPON OPERATOR 6).

⊕ Techniktraining Pistole (siehe Trainingsguide Pistolenschießen / Nachtschießtechniken).

⊕ Konditionstraining (siehe Functional Weapon Fitness; taktisches Laufband Training).

⊕ Taktisches Training (siehe Survival Taktiken).

DRY-FIRE TRAININGSJOURNAL

Dry-Fire Training dokumentieren

So nutzen Sie das Dry-Fire Trainingsjournal, um Ihre Pläne, Ziele, Zeit und Training zu organisieren:

SCHRITT 1: Definieren Sie ein **Trainingsziel** (zum Beispiel: Griffkraft/Ausdauer an der Pistole stärken). Trainingsziele können u.a. zur gezielten Vorbereitung auf einen Wettkampf festgelegt werden.

SCHRITT 2: Legen Sie den **Trainingsinhalt** fest, er bestimmt wie das Trainingsziel erreicht wird (zum Beispiel: isometrische Übungen).

SCHRITT 3: **Trainingsmittel** (zum Beispiel: horizontaler und vertikaler Pistolenexpander).

SCHRITT 4: **Trainingsmethoden** (zum Beispiel: das Trainingsziel „Griffkraft/Ausdauer an der Pistole stärken" wird mit der Intervallmethode erreicht).

SCHRITT 5: **Trainingszeitraum** festlegen (zum Beispiel: 15 Minuten).

Nutzen Sie die Notizseite, um zusätzliche Information festzuhalten.

Je Waffe übertragen Sie letztlich die Summe der Trainingszeiten (für den jeweiligen Monat) in die Dry-Fire Jahrestabelle (Seite 210 bzw. 212).

Dry-Fire Training bewerten

Anhand der Bewertungstabellen (Seite 213, 214) können Sie Ihre Leistung im Dry-Fire Training in Relation zu den ganzjährig absolvierten Schiesstagen übersichtlich erfassen.

DRY-FIRE TRAININGSJOURNAL

MONAT: DATUM:

☐   ☐   ☐   ☐

Trainingsziel, Inhalt, Mittel und Methoden

Trainingszeit(en)

☐   ☐   ☐   ☐

Trainingsziel, Inhalt, Mittel und Methoden

Trainingszeit(en)

DRY-FIRE TRAININGSJOURNAL

NOTIZEN

DRY-FIRE TRAININGSJOURNAL

MONAT: DATUM:

☐   ☐   ☐   ☐

Trainingsziel, Inhalt, Mittel und Methoden

Trainingszeit(en)

☐   ☐   ☐   ☐

Trainingsziel, Inhalt, Mittel und Methoden

Trainingszeit(en)

DRY-FIRE TRAININGSJOURNAL

NOTIZEN

DRY-FIRE TRAININGSJOURNAL

MONAT: DATUM:

☐   ☐   ☐   ☐

Trainingsziel, Inhalt, Mittel und Methoden

Trainingszeit(en)

☐   ☐   ☐   ☐

Trainingsziel, Inhalt, Mittel und Methoden

Trainingszeit(en)

DRY-FIRE TRAININGSJOURNAL

NOTIZEN

DRY-FIRE TRAININGSJOURNAL

MONAT: **DATUM:**

☐   ☐   ☐   ☐

Trainingsziel, Inhalt, Mittel und Methoden

Trainingszeit(en)

☐   ☐   ☐   ☐

Trainingsziel, Inhalt, Mittel und Methoden

Trainingszeit(en)

DRY-FIRE TRAININGSJOURNAL

NOTIZEN

DRY-FIRE TRAININGSJOURNAL

MONAT: **DATUM:**

☐   ☐   ☐   ☐

Trainingsziel, Inhalt, Mittel und Methoden

Trainingszeit(en)

☐   ☐   ☐   ☐

Trainingsziel, Inhalt, Mittel und Methoden

Trainingszeit(en)

DRY-FIRE TRAININGSJOURNAL

NOTIZEN

DRY-FIRE TRAININGSJOURNAL

MONAT: DATUM:

☐   ☐   ☐   ☐

Trainingsziel, Inhalt, Mittel und Methoden

Trainingszeit(en)

☐   ☐   ☐   ☐

Trainingsziel, Inhalt, Mittel und Methoden

Trainingszeit(en)

DRY-FIRE TRAININGSJOURNAL

NOTIZEN

DRY-FIRE TRAININGSJOURNAL

MONAT: DATUM:

☐   ☐   ☐   ☐

Trainingsziel, Inhalt, Mittel und Methoden

Trainingszeit(en)

☐   ☐   ☐   ☐

Trainingsziel, Inhalt, Mittel und Methoden

Trainingszeit(en)

DRY-FIRE TRAININGSJOURNAL

NOTIZEN

DRY-FIRE TRAININGSJOURNAL

MONAT: **DATUM:**

☐   ☐   ☐   ☐

Trainingsziel, Inhalt, Mittel und Methoden

Trainingszeit(en)

☐   ☐   ☐   ☐

Trainingsziel, Inhalt, Mittel und Methoden

Trainingszeit(en)

DRY-FIRE TRAININGSJOURNAL

NOTIZEN

DRY-FIRE TRAININGSJOURNAL

MONAT: DATUM:

☐   ☐   ☐   ☐

Trainingsziel, Inhalt, Mittel und Methoden

Trainingszeit(en)

☐   ☐   ☐   ☐

Trainingsziel, Inhalt, Mittel und Methoden

Trainingszeit(en)

DRY-FIRE TRAININGSJOURNAL

NOTIZEN

DRY-FIRE TRAININGSJOURNAL

MONAT: DATUM:

☐   ☐   ☐   ☐

Trainingsziel, Inhalt, Mittel und Methoden

Trainingszeit(en)

☐   ☐   ☐   ☐

Trainingsziel, Inhalt, Mittel und Methoden

Trainingszeit(en)

DRY-FIRE TRAININGSJOURNAL

NOTIZEN

DRY-FIRE TRAININGSJOURNAL

MONAT:　　　　　　　DATUM:

☐　　☐　　　☐　　　　☐

Trainingsziel, Inhalt, Mittel und Methoden

Trainingszeit(en)

☐　　☐　　　☐　　　　☐

Trainingsziel, Inhalt, Mittel und Methoden

Trainingszeit(en)

DRY-FIRE TRAININGSJOURNAL

NOTIZEN

DRY-FIRE TRAININGSJOURNAL

MONAT: DATUM:

☐   ☐   ☐   ☐

Trainingsziel, Inhalt, Mittel und Methoden

Trainingszeit(en)

☐   ☐   ☐   ☐

Trainingsziel, Inhalt, Mittel und Methoden

Trainingszeit(en)

DRY-FIRE TRAININGSJOURNAL

NOTIZEN

DRY-FIRE TRAININGSJOURNAL

MONAT: DATUM:

☐   ☐   ☐   ☐

Trainingsziel, Inhalt, Mittel und Methoden

Trainingszeit(en)

☐   ☐   ☐   ☐

Trainingsziel, Inhalt, Mittel und Methoden

Trainingszeit(en)

DRY-FIRE TRAININGSJOURNAL

NOTIZEN

DRY-FIRE TRAININGSJOURNAL

MONAT: **DATUM:**

☐   ☐   ☐   ☐

Trainingsziel, Inhalt, Mittel und Methoden

Trainingszeit(en)

☐   ☐   ☐   ☐

Trainingsziel, Inhalt, Mittel und Methoden

Trainingszeit(en)

DRY-FIRE TRAININGSJOURNAL

NOTIZEN

DRY-FIRE TRAININGSJOURNAL

MONAT: DATUM:

☐   ☐   ☐   ☐

Trainingsziel, Inhalt, Mittel und Methoden

Trainingszeit(en)

☐   ☐   ☐   ☐

Trainingsziel, Inhalt, Mittel und Methoden

Trainingszeit(en)

DRY-FIRE TRAININGSJOURNAL

NOTIZEN

DRY-FIRE TRAININGSJOURNAL

MONAT: DATUM:

☐ ☐ ☐ ☐

Trainingsziel, Inhalt, Mittel und Methoden

Trainingszeit(en)

☐ ☐ ☐ ☐

Trainingsziel, Inhalt, Mittel und Methoden

Trainingszeit(en)

DRY-FIRE TRAININGSJOURNAL

NOTIZEN

DRY-FIRE TRAININGSJOURNAL

MONAT: **DATUM:**

☐   ☐   ☐   ☐

Trainingsziel, Inhalt, Mittel und Methoden

Trainingszeit(en)

☐   ☐   ☐   ☐

Trainingsziel, Inhalt, Mittel und Methoden

Trainingszeit(en)

DRY-FIRE TRAININGSJOURNAL

NOTIZEN

DRY-FIRE TRAININGSJOURNAL

MONAT: DATUM:

☐   ☐   ☐   ☐

Trainingsziel, Inhalt, Mittel und Methoden

Trainingszeit(en)

☐   ☐   ☐   ☐

Trainingsziel, Inhalt, Mittel und Methoden

Trainingszeit(en)

DRY-FIRE TRAININGSJOURNAL

NOTIZEN

DRY-FIRE TRAININGSJOURNAL

MONAT: DATUM:

☐   ☐   ☐   ☐

Trainingsziel, Inhalt, Mittel und Methoden

Trainingszeit(en)

☐   ☐   ☐   ☐

Trainingsziel, Inhalt, Mittel und Methoden

Trainingszeit(en)

DRY-FIRE TRAININGSJOURNAL

NOTIZEN

DRY-FIRE TRAININGSJOURNAL

MONAT: DATUM:

☐   ☐   ☐   ☐

Trainingsziel, Inhalt, Mittel und Methoden

Trainingszeit(en)

☐   ☐   ☐   ☐

Trainingsziel, Inhalt, Mittel und Methoden

Trainingszeit(en)

DRY-FIRE TRAININGSJOURNAL

NOTIZEN

DRY-FIRE TRAININGSJOURNAL

MONAT: **DATUM:**

☐ ☐ ☐ ☐

Trainingsziel, Inhalt, Mittel und Methoden

Trainingszeit(en)

☐ ☐ ☐ ☐

Trainingsziel, Inhalt, Mittel und Methoden

Trainingszeit(en)

DRY-FIRE TRAININGSJOURNAL

NOTIZEN

DRY-FIRE TRAININGSJOURNAL

MONAT: **DATUM:**

☐ ☐ ☐ ☐

Trainingsziel, Inhalt, Mittel und Methoden

Trainingszeit(en)

☐ ☐ ☐ ☐

Trainingsziel, Inhalt, Mittel und Methoden

Trainingszeit(en)

DRY-FIRE TRAININGSJOURNAL

NOTIZEN

DRY-FIRE TRAININGSJOURNAL

MONAT: DATUM:

☐   ☐   ☐   ☐

Trainingsziel, Inhalt, Mittel und Methoden

Trainingszeit(en)

☐   ☐   ☐   ☐

Trainingsziel, Inhalt, Mittel und Methoden

Trainingszeit(en)

DRY-FIRE TRAININGSJOURNAL

NOTIZEN

DRY-FIRE TRAININGSJOURNAL

MONAT: **DATUM:**

☐   ☐   ☐   ☐

Trainingsziel, Inhalt, Mittel und Methoden

Trainingszeit(en)

☐   ☐   ☐   ☐

Trainingsziel, Inhalt, Mittel und Methoden

Trainingszeit(en)

DRY-FIRE TRAININGSJOURNAL

NOTIZEN

DRY-FIRE TRAININGSJOURNAL

MONAT: DATUM:

☐ ☐ ☐ ☐

Trainingsziel, Inhalt, Mittel und Methoden

Trainingszeit(en)

☐ ☐ ☐ ☐

Trainingsziel, Inhalt, Mittel und Methoden

Trainingszeit(en)

DRY-FIRE TRAININGSJOURNAL

NOTIZEN

DRY-FIRE TRAININGSJOURNAL

MONAT: DATUM:

☐   ☐   ☐   ☐

Trainingsziel, Inhalt, Mittel und Methoden

Trainingszeit(en)

☐   ☐   ☐   ☐

Trainingsziel, Inhalt, Mittel und Methoden

Trainingszeit(en)

DRY-FIRE TRAININGSJOURNAL

NOTIZEN

DRY-FIRE TRAININGSJOURNAL

MONAT: **DATUM:**

☐   ☐   ☐   ☐

Trainingsziel, Inhalt, Mittel und Methoden

Trainingszeit(en)

☐   ☐   ☐   ☐

Trainingsziel, Inhalt, Mittel und Methoden

Trainingszeit(en)

DRY-FIRE TRAININGSJOURNAL

NOTIZEN

DRY-FIRE TRAININGSJOURNAL

MONAT: DATUM:

☐   ☐   ☐   ☐

Trainingsziel, Inhalt, Mittel und Methoden

Trainingszeit(en)

☐   ☐   ☐   ☐

Trainingsziel, Inhalt, Mittel und Methoden

Trainingszeit(en)

DRY-FIRE TRAININGSJOURNAL

NOTIZEN

DRY-FIRE TRAININGSJOURNAL

MONAT: DATUM:

☐ ☐ ☐ ☐

Trainingsziel, Inhalt, Mittel und Methoden

Trainingszeit(en)

☐ ☐ ☐ ☐

Trainingsziel, Inhalt, Mittel und Methoden

Trainingszeit(en)

DRY-FIRE TRAININGSJOURNAL

NOTIZEN

DRY-FIRE TRAININGSJOURNAL

MONAT: DATUM:

☐   ☐   ☐   ☐

Trainingsziel, Inhalt, Mittel und Methoden

Trainingszeit(en)

☐   ☐   ☐   ☐

Trainingsziel, Inhalt, Mittel und Methoden

Trainingszeit(en)

DRY-FIRE TRAININGSJOURNAL

NOTIZEN

DRY-FIRE TRAININGSJOURNAL

MONAT: DATUM:

☐   ☐   ☐   ☐

Trainingsziel, Inhalt, Mittel und Methoden

Trainingszeit(en)

☐   ☐   ☐   ☐

Trainingsziel, Inhalt, Mittel und Methoden

Trainingszeit(en)

DRY-FIRE TRAININGSJOURNAL

NOTIZEN

DRY-FIRE TRAININGSJOURNAL

MONAT: DATUM:

☐ ☐ ☐ ☐

Trainingsziel, Inhalt, Mittel und Methoden

Trainingszeit(en)

☐ ☐ ☐ ☐

Trainingsziel, Inhalt, Mittel und Methoden

Trainingszeit(en)

DRY-FIRE TRAININGSJOURNAL

NOTIZEN

DRY-FIRE TRAININGSJOURNAL

MONAT: DATUM:

☐   ☐   ☐   ☐

Trainingsziel, Inhalt, Mittel und Methoden

Trainingszeit(en)

☐   ☐   ☐   ☐

Trainingsziel, Inhalt, Mittel und Methoden

Trainingszeit(en)

DRY-FIRE TRAININGSJOURNAL

NOTIZEN

DRY-FIRE TRAININGSJOURNAL

MONAT: DATUM:

☐ ☐ ☐ ☐

Trainingsziel, Inhalt, Mittel und Methoden

Trainingszeit(en)

☐ ☐ ☐ ☐

Trainingsziel, Inhalt, Mittel und Methoden

Trainingszeit(en)

DRY-FIRE TRAININGSJOURNAL

NOTIZEN

DRY-FIRE TRAININGSJOURNAL

MONAT: **DATUM:**

☐ ☐ ☐ ☐

Trainingsziel, Inhalt, Mittel und Methoden

Trainingszeit(en)

☐ ☐ ☐ ☐

Trainingsziel, Inhalt, Mittel und Methoden

Trainingszeit(en)

DRY-FIRE TRAININGSJOURNAL

NOTIZEN

DRY-FIRE TRAININGSJOURNAL

MONAT: **DATUM:**

☐   ☐   ☐   ☐

Trainingsziel, Inhalt, Mittel und Methoden

Trainingszeit(en)

☐   ☐   ☐   ☐

Trainingsziel, Inhalt, Mittel und Methoden

Trainingszeit(en)

DRY-FIRE TRAININGSJOURNAL

NOTIZEN

DRY-FIRE TRAININGSJOURNAL

MONAT: DATUM:

☐   ☐   ☐   ☐

Trainingsziel, Inhalt, Mittel und Methoden

Trainingszeit(en)

☐   ☐   ☐   ☐

Trainingsziel, Inhalt, Mittel und Methoden

Trainingszeit(en)

DRY-FIRE TRAININGSJOURNAL

NOTIZEN

DRY-FIRE TRAININGSJOURNAL

MONAT: **DATUM:**

☐   ☐   ☐   ☐

Trainingsziel, Inhalt, Mittel und Methoden

Trainingszeit(en)

☐   ☐   ☐   ☐

Trainingsziel, Inhalt, Mittel und Methoden

Trainingszeit(en)

DRY-FIRE TRAININGSJOURNAL

NOTIZEN

DRY-FIRE TRAININGSJOURNAL

MONAT: DATUM:

☐   ☐   ☐   ☐

Trainingsziel, Inhalt, Mittel und Methoden

Trainingszeit(en)

☐   ☐   ☐   ☐

Trainingsziel, Inhalt, Mittel und Methoden

Trainingszeit(en)

DRY-FIRE TRAININGSJOURNAL

NOTIZEN

DRY-FIRE TRAININGSJOURNAL

MONAT: DATUM:

☐   ☐   ☐   ☐

Trainingsziel, Inhalt, Mittel und Methoden

Trainingszeit(en)

☐   ☐   ☐   ☐

Trainingsziel, Inhalt, Mittel und Methoden

Trainingszeit(en)

DRY-FIRE TRAININGSJOURNAL

NOTIZEN

DRY-FIRE TRAININGSJOURNAL

MONAT: **DATUM:**

☐ ☐ ☐ ☐

Trainingsziel, Inhalt, Mittel und Methoden

Trainingszeit(en)

☐ ☐ ☐ ☐

Trainingsziel, Inhalt, Mittel und Methoden

Trainingszeit(en)

DRY-FIRE TRAININGSJOURNAL

NOTIZEN

DRY-FIRE TRAININGSJOURNAL

MONAT: **DATUM:**

☐ ☐ ☐ ☐

Trainingsziel, Inhalt, Mittel und Methoden

Trainingszeit(en)

☐ ☐ ☐ ☐

Trainingsziel, Inhalt, Mittel und Methoden

Trainingszeit(en)

DRY-FIRE TRAININGSJOURNAL

NOTIZEN

DRY-FIRE TRAININGSJOURNAL

MONAT: **DATUM:**

☐   ☐   ☐   ☐

Trainingsziel, Inhalt, Mittel und Methoden

Trainingszeit(en)

☐   ☐   ☐   ☐

Trainingsziel, Inhalt, Mittel und Methoden

Trainingszeit(en)

DRY-FIRE TRAININGSJOURNAL

NOTIZEN

DRY-FIRE TRAININGSJOURNAL

MONAT: DATUM:

☐ ☐ ☐ ☐

Trainingsziel, Inhalt, Mittel und Methoden

Trainingszeit(en)

☐ ☐ ☐ ☐

Trainingsziel, Inhalt, Mittel und Methoden

Trainingszeit(en)

DRY-FIRE TRAININGSJOURNAL

NOTIZEN

DRY-FIRE TRAININGSJOURNAL

MONAT: **DATUM:**

☐ ☐ ☐ ☐

Trainingsziel, Inhalt, Mittel und Methoden

Trainingszeit(en)

☐ ☐ ☐ ☐

Trainingsziel, Inhalt, Mittel und Methoden

Trainingszeit(en)

DRY-FIRE TRAININGSJOURNAL

NOTIZEN

DRY-FIRE TRAININGSJOURNAL

MONAT: **DATUM:**

☐   ☐   ☐   ☐

Trainingsziel, Inhalt, Mittel und Methoden

Trainingszeit(en)

☐   ☐   ☐   ☐

Trainingsziel, Inhalt, Mittel und Methoden

Trainingszeit(en)

DRY-FIRE TRAININGSJOURNAL

NOTIZEN

DRY-FIRE TRAININGSJOURNAL

MONAT: **DATUM:**

☐ ☐ ☐ ☐

Trainingsziel, Inhalt, Mittel und Methoden

Trainingszeit(en)

☐ ☐ ☐ ☐

Trainingsziel, Inhalt, Mittel und Methoden

Trainingszeit(en)

DRY-FIRE TRAININGSJOURNAL

NOTIZEN

DRY-FIRE TRAININGSJOURNAL

MONAT: **DATUM:**

☐ ☐ ☐ ☐

Trainingsziel, Inhalt, Mittel und Methoden

Trainingszeit(en)

☐ ☐ ☐ ☐

Trainingsziel, Inhalt, Mittel und Methoden

Trainingszeit(en)

DRY-FIRE TRAININGSJOURNAL

NOTIZEN

JAHRESDATEN

JAHRESTABELLE 20____ (SCHIESSTAGE)

Monat	Absolvierte Schiesstage je Waffe			
JAN				
FEB				
MRZ				
APR				
MAI				
JUN				
JUL				
AUG				
SEP				
OKT				
NOV				
DEZ				
SUMME				

JAHRESTABELLE 20___ (DRY-FIRE ZEITEN)

Monat	Absolviertes Dry-Fire Training (je Waffe in Minuten)			
JAN				
FEB				
MRZ				
APR				
MAI				
JUN				
JUL				
AUG				
SEP				
OKT				
NOV				
DEZ				
SUMME				

JAHRESTABELLE 20____ (SCHIESSTAGE)

Monat	Absolvierte Schiesstage je Waffe			
	🔫	🔫	🔫	🔫
JAN				
FEB				
MRZ				
APR				
MAI				
JUN				
JUL				
AUG				
SEP				
OKT				
NOV				
DEZ				
SUMME				

JAHRESTABELLE 20___ (DRY-FIRE ZEITEN)

Monat	Absolviertes Dry-Fire Training (je Waffe in Minuten)			
JAN				
FEB				
MRZ				
APR				
MAI				
JUN				
JUL				
AUG				
SEP				
OKT				
NOV				
DEZ				
SUMME				

DRY.FIRE vs. SCHIESSTAGE
BEWERTUNG

Schiesstage (je Waffe)	Dry-Fire Zeit (in Minuten je Waffe)	
	😐	🙂
37-40	1050	1400
33-36	0945	1260
29-32	0840	1120
25-28	0735	0980
21-24	0630	0840
17-20	0525	0700
13-16	0420	0560
9-12	0315	0420
5-8	0210	0280
1-4	0105	0140

Die in der Tabelle vorgegebenen Dry-Fire Zeiten sind Durchschnittswerte.

Sie repräsentieren die bestmögliche Annäherung an die 33 zu 67 Prozentregel in Relation zu den absolvierten Schießtagen. Werte in der Rubrik „🙂" kennzeichnen eine über dem Durchschnitt liegende Leistung im Trockentraining.

Negativbeispiel: 10 Schießtage mit der Pistole absolviert, Dry-Fire Zeit von 120 Minuten = mangelndes Trockentraining.

DRY-FIRE vs. SCHIESSTAGE
JAHRESBEWERTUNG 20___

WAFFE(N)	SCHIESSTAGE (Gesamt)	DRY-FIRE ZEIT (in Minuten)	☹	☺

DRY-FIRE vs. SCHIESSTAGE
JAHRESBEWERTUNG 20___

WAFFE(N)	SCHIESSTAGE (Gesamt)	DRY-FIRE ZEIT (in Minuten)	☹	☺

ÜBERSICHT JAHRESQUALIFIKATION 20___ (1/7)

 Bez./Kal. _____

Drill #	Bezeichnung	+	-
01			
02			
03			
05			
06			
07			
08			
09			
10			
11			
12			
13			
14			
15			
16			
17			
18			
19			
20			

(Anmerkung: + = bestanden / - = nicht bestanden)

ÜBERSICHT JAHRESQUALIFIKATION 20____ (2/7)

Bez./Kal. _____

Drill #	Bezeichnung	+	-
21			
22			
23			
24			
25			
26			
27			
28			
29			
30			
31			
32			
33			
34			
35			
36			
37			
38			
39			

(Anmerkung: + = bestanden / - = nicht bestanden)

ÜBERSICHT JAHRESQUALIFIKATION 20____ (3/7)

Bez./Kal. _____

Drill #	Bezeichnung	+	-
01			
02			
03			
05			
06			
07			
08			
09			
10			
11			
12			
13			
14			
15			
16			
17			
18			
19			
20			

(Anmerkung: + = bestanden / - = nicht bestanden)

ÜBERSICHT JAHRESQUALIFIKATION 20___ (4/7)

 Bez./Kal. _____

Drill #	Bezeichnung	+	-
21			
22			
23			
24			
25			
26			
27			
28			
29			
30			
31			
32			
33			
34			
35			
36			
37			
38			
39			

(Anmerkung: + = bestanden / - = nicht bestanden)

ÜBERSICHT JAHRESQUALIFIKATION 20____ (5/7)

Bez./Kal. _____

Drill #	Bezeichnung	+	-
01			
02			
03			
05			
06			
07			
08			
09			
10			
11			
12			
13			
14			
15			
16			
17			
18			
19			
20			

(Anmerkung: + = bestanden / - = nicht bestanden)

ÜBERSICHT JAHRESQUALIFIKATION 20___ (6/7)

Bez./Kal.

Drill #	Bezeichnung	+	-
01			
02			
03			
05			
06			
07			
08			
09			
10			
11			
12			
13			
14			
15			
16			
17			
18			
19			
20			

(Anmerkung: + = bestanden / - = nicht bestanden)

ÜBERSICHT JAHRESQUALIFIKATION 20____ (7/7)

Bez./Kal. _____

Drill #	Bezeichnung	+	-
21			
22			
23			
24			
25			
26			
27			
28			
29			
30			
31			
32			
33			
34			
35			
36			
37			
38			
39			

(Anmerkung: + = bestanden / - = nicht bestanden)

ÜBERSICHT JAHRESQUALIFIKATION 20___ (1/7)

Bez./Kal. _____

Drill #	Bezeichnung	+	-
01			
02			
03			
05			
06			
07			
08			
09			
10			
11			
12			
13			
14			
15			
16			
17			
18			
19			
20			

(Anmerkung: + = bestanden / - = nicht bestanden)

ÜBERSICHT JAHRESQUALIFIKATION 20___ (2/7)

 Bez./Kal. _____

Drill #	Bezeichnung	+	-
21			
22			
23			
24			
25			
26			
27			
28			
29			
30			
31			
32			
33			
34			
35			
36			
37			
38			
39			

(Anmerkung: + = bestanden / - = nicht bestanden)

ÜBERSICHT JAHRESQUALIFIKATION 20____ (3/7)

Bez./Kal. _____

Drill #	Bezeichnung	+	-
01			
02			
03			
05			
06			
07			
08			
09			
10			
11			
12			
13			
14			
15			
16			
17			
18			
19			
20			

(Anmerkung: + = bestanden / - = nicht bestanden)

ÜBERSICHT JAHRESQUALIFIKATION 20___ (4/7)

Bez./Kal.

_____

Drill #	Bezeichnung	+	-
21			
22			
23			
24			
25			
26			
27			
28			
29			
30			
31			
32			
33			
34			
35			
36			
37			
38			
39			

(Anmerkung: + = bestanden / - = nicht bestanden)

ÜBERSICHT JAHRESQUALIFIKATION 20____ (5/7)

Bez./Kal. _____

Drill #	Bezeichnung	+	-
01			
02			
03			
05			
06			
07			
08			
09			
10			
11			
12			
13			
14			
15			
16			
17			
18			
19			
20			

(Anmerkung: + = bestanden / - = nicht bestanden)

ÜBERSICHT JAHRESQUALIFIKATION 20___ (6/7)

Bez./Kal. _____

Drill #	Bezeichnung	+	-
01			
02			
03			
05			
06			
07			
08			
09			
10			
11			
12			
13			
14			
15			
16			
17			
18			
19			
20			

(Anmerkung: + = bestanden / - = nicht bestanden)

ÜBERSICHT JAHRESQUALIFIKATION 20___ (7/7)

Bez./Kal.

_____

Drill #	Bezeichnung	+	-
21			
22			
23			
24			
25			
26			
27			
28			
29			
30			
31			
32			
33			
34			
35			
36			
37			
38			
39			

(Anmerkung: + = bestanden / - = nicht bestanden)

ANHANG

4 GRUNDLEGENDE SICHERHEITSBESTIMMUNGEN

Die folgenden Bestimmungen sind auf jede Feuerwaffe anzuwenden, ganz gleich, ob es eine Pistole, Revolver oder eine Langwaffe ist.

1. BETRACHTEN SIE ALLE WAFFEN ALS GELADEN.

Überprüfen Sie immer den Ladezustand der Waffe. Auch wenn Ihnen jemand sagt, dass die Waffe nicht geladen ist.

2. MÜNDUNG NUR AUF DAS RICHTEN, WAS SIE AUCH TREFFEN WOLLEN.

Mit der Waffenmündung keine unbeteiligten Personen oder eigene Körperteile überstreichen. Mündungsdisziplin!

3. FINGER WEG VOM ABZUG, AUSSER SIE WOLLEN SCHIESSEN.

Ihr Abzugsfinger ist die beste Sicherung. Es gibt keine ungewollte Schussabgabe, wenn der Abzugsfinger nicht am Abzug liegt.

4. KENNEN SIE IHR ZIEL UND WAS SICH DAHINTER BEFINDET.

Projektile könnten das Ziel durchschlagen, achten Sie auf den Zielhintergrund! Schiessen Sie keinesfalls auf Schatten, Geräusche, etc.

SICHERHEIT LIEGT IN IHRER VERANTWORTUNG

WICHTIGE TELEFONNUMMERN

Die 5 W-Fragen beim Notruf:

Wo hat sich der Notfall ereignet? Was ist passiert? Wie viele Personen sind betroffen? Welche Symptome sind für Sie sichtbar? Warten Sie auf eventuelle Rückfragen oder Anweisungen.

LITERATURHINWEISE

WEAPON OPERATOR
Trainingsguide Pistolenschießen
von Rainer Salzger; ISBN-13 : 978-1727650242

WEAPON OPERATOR 2
Survival Taktiken
von Rainer Salzger; ISBN-13 : 978-1727650389

WEAPON OPERATOR 3
Nachtschiesstechniken
von Rainer Salzger; ISBN-13 : 978-1727826012

WEAPON OPERATOR 4
Functional Weapon Fitness
von Rainer Salzger; ISBN-13 : 979-8665643274

WEAPON OPERATOR 5
Targets & Combat Drills
von Rainer Salzger; ISBN-13 : 979-8532736078

WEAPON OPERATOR 6
Höchstleistung unter Stress:101
von Rainer Salzger; ISBN-13 : 979-8351550138

WEAPON OPERATOR: Functional Weapon Fitness 2
Taktisches Laufband Training
von Rainer Salzger; ISBN-13 : 979-8372239623

COMBAT MINDSET
Die ultimative Waffe
von Rainer Salzger; ISBN-13 : 978-1094648668

DRY FIRE
Mit der Ball-Drill Methode zur perfekten Schießtechnik
von Ray J. Martens; ISBN-13 : 978-1796425079

Printed in Poland
by Amazon Fulfillment
Poland Sp. z o.o., Wrocław